EMPLOY PEOPLE

用人

迅速打开工作局面的管理智慧

陈立红◎著

成都时代出版社
CHENGDU TIMES PRESS

图书在版编目（CIP）数据

用人：迅速打开工作局面的管理智慧 / 陈立红著
. --成都：成都时代出版社，2024.1
　　ISBN 978-7-5464-3297-7

　　Ⅰ.①用… Ⅱ.①陈… Ⅲ.①人才管理学 Ⅳ.
① C962

　　中国国家版本馆 CIP 数据核字 (2023) 第 181889 号

用人：迅速打开工作局面的管理智慧

YONGREN : XUNSU DAKAI GONGZUO JUMIAN DE GUANLI ZHIHUI

陈立红　著

出 品 人	达　海
责任编辑	王珍丽
责任校对	李　林
责任印制	黄　鑫　陈淑雨
封面设计	荆棘设计
版式设计	范　磊
出版发行	成都时代出版社
电　　话	（028）86785923（编辑部）
	（028）86615250（发行部）
印　　刷	三河市宏顺兴印刷有限公司
规　　格	165mm×235mm
印　　张	13
字　　数	210 千字
版　　次	2024 年 1 月第 1 版
印　　次	2024 年 1 月第 1 次印刷
印　　数	1-20000
书　　号	ISBN 978-7-5464-3297-7
定　　价	68.00 元

用人之精要箴言

· 企业的核心竞争是人的竞争，管理的科学性在于用人的科学性，管理的艺术性在于用人的艺术性。

· 有了优秀的人才，企业才能得到迅速而持续的发展。如果没有人才，企业无论多么宏伟的蓝图，多么令人激动的战略，都得不到有效实施，成功也无从谈起。

· 企业的管理者应该像伯乐一样，拥有一双慧眼，能够从众多的员工中发现并任用优秀的人才。

· 一家企业要想始终保持高速持久的发展，必须要拥有一群富于创新精神的员工。可以毫不夸张地说："创新是企业文化的精髓，也是企业发展长盛不衰的有力武器。"

· 无论是从历史还是从现实来看，凡是取得成就的企业，它的用人策略都起了决定性的作用。人用对了事情就对了，人用错了，什么事情都很难有好的结局。

前　言

企业管理的核心要素是管人，而管人的关键就是用人。用人作为一门艺术，一门技巧，对领导者事业的成败起着决定性的作用。

有道是"运筹帷幄者，决胜千里；用人有道者，百事可成"！21世纪是一个高科技信息时代，也是一个比拼人才的时代。企业之间的竞争，归根结底就是人才的竞争。那么，如何用好一个人，如何用对一个人，就成了企业管理者最值得深思的话题。

有人说，学会一种学问，就只能利用一种资源，要是学会了用人，就能成就伟大的事业。

用人的前提是识人，用人的目标是通过激励、动员等手段来达到组织目标的实现。对此，管理者需要不断解放思想，更新观念，掌握用人的智慧，提高用人的能力。

正如人们常说，用人要用到实处，而要做好这一点，就要求领导者能知人善任。知人就是要了解人，善任就是要用好人；知人是善任的前提，善任是知人的目的，通过知人达到善任。如此才能把"好钢用到刀刃上"，从而使人力资源发挥最大效应。

古人曰："金无足赤，人无完人。""用人如器，各取所长。"扬长，即发挥长处；避短，即抑其不足之处。就客观而言，十全十美的人是没有的。为此，在用人的活动中，领导者应善于发掘人的优点，扬其"长"而抑其"短"，使其充分发挥积极的效应，这当是善于用人的关键所在。

清代思想家魏源说过这样的话："不知人之短，又不知人之长，不知人长中之短，不知人短中之长，则不可能用人。"中国的智慧充满了辩证法，如果一个管理者能从各种各样的人身上看到可用之长，这就是优秀的管理者。

本书共分十一章，通过理论与实际案例相结合的方式，分别从慧眼识才、扬长避短、抓大放小、调动潜能、注重能人、情感效应、不拘一格、规避误区等方面，将用人之术展现得淋漓尽致。其中不乏国内外知名企业成功的用人案例，由此增强本书内容的生动性、深刻性和丰富性。

一个企业管理的科学性，很大程度上在于用人的科学性，管理的艺术性在于用人的艺术性。总之，企业要想在当今竞争激烈的市场上站稳脚跟，做强做大，立于不败之地，就必须熟谙用人的智慧，做到统御有方，收放自如。如此，才能撑起一片美丽的天空。

目录

第三章

扬长避短，用人要唯才所宜

第四章

抓大放小，用人不要过于挑剔

第七章

予以信任：在疑和用中把握精髓

第八章

真情赢得真心，以情感效应用人

第十一章

规避误区，用人须知的禁忌

第一章
慧眼识英才，用人必须先懂人

"千里马常有，而伯乐不常有"。因此，作为领导者，要有一双慧眼，这是一种能力，一种敏锐，也是一种境界。

◎ 用人要有独到的眼光

在千帆竞渡、百舸争流的今天，各行各业竞争异常激烈。竞争的最大焦点是用人，即领导者必须拥有独到的眼光、高远的境界，才能看准人、用对人，这是确保事业成功的必要条件。

拥有独到的眼光，作为一种用人思想，是领导用人艺术的宝贵内涵之一，它融合着气度，渗透着智慧，包含着深邃而切合实际的理念。这样的领导者能善于根据不同的情形，打破机械教条的藩篱，对用人作出科学合理的决策。

当然，独到的眼光作为一种用人的智慧，并非是一个人轻易就能拥有或达到的，它需要高瞻远瞩，不断地学习和丰富传统的用人经验，才能开阔胸襟，步入较高的境界。对此，中华传统文化对于用人有着及其丰富的论述，儒、墨、道、法等家都有精深的见解。比如，儒家的孔子说："骥不称其力，称其德也。"就是指千里马，并不是称赞它的气力，而是称赞它的品德。他强调注重个人道德与情操，要求所用之人是道德较高之人，能够"严以律己，仁义待人"；墨家表现为兼爱、尚贤，大同境界；道家老子说："知人者智，自知者明。"即要求充分的了解他人与自身，并强调不要求全责备的主张；法家表现为以法为本，据势御术等。

从上面来看，各家对用人都有精辟的思想观点。随着时光的穿梭，如今社会已高速发展，社会关系和社会结构亦已发生巨大变化，对于用人观，我们也应注重继承和发展的主旨，一切从实际出发，综合积极因素，扬长避短，知人善任，从而以科学的理念、独到的眼光，提高在实际工作中的用人能力。

张磊，高瓴资本的创始人。他认为，最初创业时，企业往往很难吸引有经验的人才，这时选用靠谱型的人才就很关键。那么如何定义"靠谱的人"呢？第一，就是要选自驱型的人。这种人有抱负，有追求，具有专注解决问题的最佳效率，能够燃烧自己的能量。第二，要选时间敏感型的人。这种人时间观念强，善于管理和分配时间，能够把时间用到最该用的地方。第三，要选有同理心的人。这种人大局观念强，善于从全局考虑问题，而且懂得换位思考，不拘泥成法。第四，要选热爱学习的人。这种人拥有成长性思维，会注重学习与挑战，能够跟得上发展的步伐。

就拿自驱型人才来说，张磊在创业时，有一个合伙人是老同学的妻子，她除了有北师大的多种证书外，对投资行业几乎一无所知，但凭借她的基本素养和自驱自励的追求精神，从事该行业后，很快进入角色，十几年下来后，她几乎干遍了涉足投资的各个领域，而且都干得十分出色，后来成为张磊最重要的合伙人之一。

在张磊的创业生涯中，有一个重要的思想，就是投资就是投人，而且要用靠谱、有格局的人。正是在这种用人的理念与眼光的影响下，使他的公司稳健快速地发展，他也被认为是中国"价值投资"领域中的教父级人物。2020 年，他入选为《财富》（中文版）杂志 2020 年中国最具影响力的投资人之一。

用人，作为一门管理艺术，是管理学中的一项重要内容，是古今中外任何管理组织都必须面对的课题，也是领导能力与领导艺术的综合体现。这种体现，蕴藏着领导者自身的素质修养和科学的用人观念。

在很大程度上，可以说领导者工作的成败取决于用人。而领导者拥有独到的眼光，既是灵活决策和科学决策的统一，更是用人有方，由此推动企业发展和事业成功的关键。

◎ 用人必先识人

怎样才能识人？其先决条件在于能公正无私，一视同仁。作为领导者，必须具备如此胸怀，才能发现真正的人才。只有这样，才能避免盲目用人。因此，现代企业中最讲究识人之后，才能用人的思想。正所谓：用人之道，必先识人。

常言道："用人难，识人更难。"识别人才，考核才能，是领导事业发展的根本。古人云："为治以知人为先"；又云："非知人不能善其任，非善任不能谓知之。"也就是说，作为领导者，要想管理得当，必先识透其人，识透其人而后方能善任。若不能真正了解这个人，就不能很好地任用其人；没能很好地用其人，往往就是因为没有真正了解那个人。尺有所短，寸有所长。只有全面深入地了解，施以辩证对待，为其安排能够发挥其特长的位置，才能称得上是既给了所用之人大展身手的机会，又成就了组织发展的大好前途。

古有"子产之从政也，择能而使之"的典故，这不失为很不错的借鉴。相传，郑国大夫子产参与执政期间，他总是选择贤能的人委以重任。当时，冯简子能够决断国家大事；子太叔貌美俊秀有才华；公孙挥能通晓四邻诸侯国的行动，而且还擅长外交事务；禆谌善于在野外谋划计略获得成功。所以，子产分别择其优而用。每当郑国有外交事宜的时候，子产便向公孙挥询问四周邻国的情况，让他多做一些外交事务。然后就跟禆谌驾车来到野外，让他审验谋划计略是否可行，回去再告诉冯简子，让他来作出决断。如果谋略可行，子产就会派遣子太叔去分配执行命令。因此子产执政期间很少有失败的事情发生。

在现实应用中，我们应该怎样做到"看人不走眼"，又该如何做到知人知面又知心呢？

1. 看其生活习惯。

一个人的生活习惯，不是刻意而为，而是日积月累自然形成的，所以更能体现一个人的秉性。平时做事一丝不苟的人，往往工作起来也十分认真；时间观念很强的人，一般不会迟到早退，不会软磨硬泡对待工作，别人交代做的事，一般都会按时完成，成效也高。

2. 观其脾气属性。

人都有慕强心理，面对强于自己的人，有的人将强者作为自己的标杆，努力学习进取，尽力使自己向强者靠拢。而有的人则不然，强烈的嫉妒心扭曲了心灵，心生敌意，很怕别人越来越好，所以工作起来不用真劲儿，把所有的心思都用在投机取巧、谄媚奉承之上，没有共情心。倘若公司出现什么异常，不能竭尽所能扭转局面，反而可能背地里妖言惑众，落井下石，所以不堪重用。

3. 品其说话方式。

一个人的说话方式，决定了自身语言沟通能力，可借此判断其情商高低。情商高的人，通常也是最会说话、会办事的人；而不会说话的人，往往会因为语气、措辞不当等，将事情办砸。

4. 观察其对待弱者的态度。

通过看其对待弱者的态度，能见其人性。通常若对待强者有敬畏之心，对待弱者没有凌弱之势。这样的人，怀有悲悯之心，对待工作积极认真，并能与公司同呼吸共命运。

总而言之，领导者注意在关键问题上和关键场合中识别下属，不失为一种行之有效的识人方法。

　　世界 500 强的企业能够领跑整个商界，有人说是因为他们创造了别人无法企及的财富，所以才会荣登强者榜单。殊不知，没有哪一个企业组建之初就是强大的，甚至都是经历几番风雨才有所成就的，而企业能够做大做强，这跟用对人是密不可分的。

　　珠海格力电器股份有限公司成立于 20 世纪 90 年代，是目前全球最大的集研发、生产、销售、售后服务于一体的专业化空调企业。2008 年前三个季度实现销售收入 351.12 亿元，连续八年荣登美国《财富》杂志"中国上市公司 100 强"。同时成为"世界名牌"产品，销往世界各地 90 多个国家和地区。然而格力电器也曾一度经历过危机和磨难，但是因为企业领导用对了一个人——董明珠，才创造了持续至今"不老的神话"。

　　1996 年，格力空调的前身海利公司，面对国内外各种大小空调品牌"价格大战"的"围剿"，也无可避免地要面临生存危机。当时还只是一个微不足道的基层业务员的董明珠，因为为公司追讨回十分棘手的 42 万元债务而得到公司领导的关注。这一次面临"危机大考"，她又理智地提出了扭转局面的建议，深受董事长朱江洪的赞许。由于董事长朱江洪的知人善任与全力支持，使格力空调不仅没有被打倒，反而利用对手降价的时机，提升产品和售后质量，成功走出危机，且"一路长虹"。

因此说："识人就是由内而外去洞悉一个人，包括其脾性，其德行，其才识。"这既是良好交往之所需，也是用人之必要。作为一种用人的智慧，并非轻易就能拥有或达到的，它需要高瞻远瞩，不断学习和丰富用人经验，才能创造辉煌。

◎ 眼界宽远，不被表象所骗

面对各类不同类型的人才，在选用之前，一定要认真审视、详察、明辨，对其言行举止、内心活动都要有所了解，这样在工作中才能避免出现失误。通俗来讲，就是在选用人才之前，一定要放宽眼界，不要被其华丽的外表所迷惑，也不要被其溢美之词所陶醉。

识别人才，不仅要听其说，还要看其做；不仅要观其情致操行、素质高低，还要看其作风好坏、能力大小。在现实中，选用能说善做之人最好，但这种人才为数不多。在多数情况下，善说的，往往不善做；善做的，往往不善说。因此，领导者在识人上，千万不要被表面现象所迷惑，而应拨开迷雾，明察秋毫。

识别人才的关键是要把握一个人的心性，也就是说，要在人的本质上下功夫，而不是从表象看人，以貌取人。如果只从表象去判定一个人，势必偏颇，再好的人才也会流失的。

三国时期，曹操用计打败五虎上将马超之后，曹操变得骄傲自满，目空一切。在他准备攻取西川刘璋属地之际，受到张鲁大军威胁的刘璋并不知情，反而主动派谋士张松前去求援。曹操见张松尖嘴龅牙、貌丑猥琐，心中不喜，露出一副傲慢轻视之态。

张松为人性直高傲，哪受过这等待遇？曹操在教场点兵时，张松直言曹操的战场败绩，被曹操一怒之下乱棒打出。其实，张松借去许昌向曹操求援的机会，暗藏一幅西川军事地图，如果曹操重用他，他就把西川拱手送给曹操。结果受到羞辱，一气之下投奔了刘备。此举正中诸葛亮下怀，正好可以借援助刘璋之机，举兵进驻西川。刘备听从军师诸葛亮的计策，见到张松大礼相待，一连数日盛宴款待，其间不谈巴蜀事，只把相见恨晚之情溢于言表。张松被刘备的深情厚谊打动，将西川军事地图献给刘备，并愿为"内应"。后来，刘备真的如愿得到了西川之地，并继续拓展蓝图，成就了蜀汉霸业。

因此，作为领导者，应该放宽眼界，从整体办事能力着眼，决不可以貌取人，以免贻误发展机遇。

◎ 人才形成互补，打造"多能"梯队

古语说："主副须相佐，钟磬当合鸣。"用在当下，就是一个整体之中，必须上下步调一致，相佐相助，才能事业有成。所以，作为一个领导者，在任用人才时必须注意"相佐而事"的问题，尤其是在人员配备、组织设置中更应"因佐而构"，确保其整体效能。

《孟子·滕文公下》中有云："子不通功易事，以羡补不足，则农有余粟，女有余布。"意思是说，如果不分工办事，拿多余的去补那不足的，就会造成农民有多余的米，妇女有多余的布。彼此不通融就不能物尽其用。这段话可以运用为用人的重要原则。因为世间人之智能，各有所长，而事业所需，非一人、一技能满足的，必得众人配合才能成事。只有通功易事，互利共生，才能使能力得

11

以互补，关系得以协调，从而同心同德，共创辉煌。

1. 互补效应

为什么说会有群体互补效应呢？这是因为在结构合理的人员群体中，配备不同的年龄阶段、专业类别、智能水平、气质类型的人，使其有机地结合到一起。这样一来，做到知识互用、能力互补，配套成"龙"，使只有"专能"的人员个体变成"多能"的群体，如此群策群力，能力发挥可达最大化。

2. 协调效应

一个结构合理的群体，逐步形成了群体成员共同遵守的良好道德规范、工作作风和组织制度，以此调节和协调群体中个体与个体、个体与群体、群体与社会的关系，可使群体的力量和功能得到维护和加强。同时可使每个成员的特长都在群体中得到充分发挥，并相互取长补短，从而获得更高的群体协调效应。

3. 感应效应

所谓的群体感应效应，就是在结构合理的群体内、成员之间在目标上志同道合，在作风上互相感染，在学术上相互影响，同心同德，紧密团结，创新意识和创造性思维不断强化，形成对人员的工作，尤其是创造性工作特别有利的"微型气候"。

上述三种效应大大提高了人员的工作效率。因此，在用人的时候，一定要记住"通功易事，互利共生"的道理。

"华为"有一位员工，26 岁的时候，被任命担任研发部门的管理人员。他的技术能力很强，智商很高，但情商不够高，结果是他研发的项目进展突飞猛进，可是部门内的员工流失严重。为什么呢？因为他不善于跟员工沟通。只会用"鞭子"抽。

任正非发现这个问题后，马上想办法进行匹配性任用，就是给这个部门配备了一个"政委"，业界轰动一时的"狼狈计划"就是这么来的。结果这个部门很快就稳定下来了，团队工作很快就上去了。

在经营管理方面，管理者首先要明确团队奋斗目标，然后选用人才一定要各取所长，让他们尽其所能发挥团队合作精神，互相激励，真正做到人才互补，提高自身执行力，达到、甚至超越预期效果。

随着现代科学技术的发展，很多研究、攻关项目是需要体现多边互补原则的，这里既需要有知识的互补，又需要有能力、年龄等方面的互补。用人过程中，熟悉并掌握人才互补定律是非常必要的。在集体人才互补原则中，形成这样的结构关系，有利于提高整个人才结构的效能。这种综合互补的用人之道，已经在企业的经营管理中起着越来越重要的作用，只有了解人才中的才能互补定律后，才能更好地用人。

◎ 独具用人眼光的五大准则

用人的学问博大精深，奥妙无穷。尤其在当今，与其说是财富的角逐、事业的竞争，不如说是人才的竞争，即通过优化组合，把最合适的人用到最合适的位置，做到人尽其才，才尽其用，将人的才能发挥到极致。不言而喻，这正是一种强大的能力催化力量。

其实，最难的倒不是选拔人才，难点在于选拔后怎样使用人才，如何将他们的才华发挥到极致。因为发现人才，识别人才，选拔推荐人才，都是为了善用人才。对此，用人者应掌握以下几条准则。

1. 用其所长，避其所短

这是用人艺术的核心要素。俗话说："金无足赤，人无完

人。"任何一个人都不可能十全十美。萧何与张良都是刘邦的谋

士，他们以出色的计谋，在战略上帮助刘邦建立了大汉王朝，但如果让他们横刀立马，统兵千万冲锋陷阵，就不如韩信。因此刘邦感叹："夫运筹帷幄之中，决胜于千里之外，吾不如子房；镇国家，抚百姓，给馈饷，不绝粮道，吾不如萧何；连百万之军，战必胜，攻必取，吾不如韩信。此三者，皆人杰也，吾能用之，此吾所以取

天下也。"刘邦所言非虚。如此可见，聪明的领导用人策略，在于扬其长，避其短。

2. 量才使用，才尽其用

有道是"坚车能载重，渡河不如舟"。坚固的车辆只能在陆地上载重而行，若想载物过河，就不如舟船的运输能力了。用人也是如此，不同的工作岗位，对人才有不同的要求；不同的人，对岗位也有不同的适应性。量才用人，需要根据不同人才素质，安排相应的岗位。既要防止大材小用，浪费人才，也要防止小材大用，虚占其位。

3. 明责授权，信任人才

俗话说："用人不疑，疑人不用。"既然认为是人才，就要明责授权，大胆使用。这方面，刘备是榜样。他"三顾茅庐"请出孔明后，不顾关羽、张飞的反对，将"实权"交于孔明。结果，孔明辅佐他成就了三国鼎立的伟业。现代企业各项工作千头万绪，一个领导人不可能包办一切，为此大胆、充分地使用人才，乃是事业成功的关键所在。

4. 组合人才，聚放效应

关于人才，不仅有一个量才使用的问题，还有一个合理组合发挥其集聚效应的问题。现实生活中常有这样的情况：就单个来讲，都有才能，但如果把两个能力、经历、资历、性格、年龄相当的人放在一起，却很容易发生"碰撞"，各执己见；但若人才组合得当，结果可能就大不相同了。因此，一个领导者使用人才，不仅要重视个体的素质，还要高度重视群体结构的合理化，使群体中的个体相互弥补，相得益彰，达到"1+1 大于 2"的效果。

5. 及时淘汰，不适之才

人非圣贤，孰能无过？在用人过程中，再高明的领导者也有失误的时候，但这并不可怕。关键是一旦发现庸才、愚才虚占其位，就要立即将其撤换，重新调整组合队伍。

总之，一个高明的领导者，都会具有爱才之心，识才之眼，选才之德，谋才之智，提才之能，用才之胆，容才之量，护才之魄，育才之法，集才之力。若兼而有之，乃大成者也。

【用人精要】

"华为"创始人任正非：
选拔人才，用人要注重人的"大节"

华为公司创始人任正非，在谈及用人时说，用人要注重"大节"。

任正非说："一个人不管如何努力，永远也赶不上时代的步伐，只有组织起数十人、数百人、数千人一同奋斗，才能摸得到'时代的脚'。"

任正非非常重视人才，他表示选拔人才要注重人的大节，就是要敢于奋斗、不怕吃苦，不要小富即安。

任正非认为：选用人才只讲年轻，是教条主义，会打击踏踏实实做事的老员工。所以选拔员工不能以年龄划线。大量引进"少年天才"，激活企业的组织细胞。

评价一个人，提拔一个人，不能仅仅看素质这个软标准，还要客观地看绩效和结果。

华为的接班人，除了以前我们讲过的视野、品格、意志要求以外，还要具备对价值的高瞻远瞩和驾驭商业生态环境的能力。

第二章
用人到实处，要知事择人，因事用人

正所谓"国之兴，长于政；政之兴，在得人"。历史和现实的经验都表明，能否知人善任，决定着事业的兴衰成败。

◎ 知人善任是领导者最重要的能力

领导者的重要职能是指挥，而指挥的核心要素在于会用人，就是要知人善任，将"好钢用到刀刃上"。

知人善任，包括知人与善任两个方面，是一个密不可分的有机整体。"为政之本，在于选贤"，而选贤后务必知人善任。知人就是要了解人，善任就是要用好人；知人是善任的前提，善任是知人的目的。能否具有这种能力，直接关系到企业的发展和事业的成败。因此，领导者工作实践中应注重如下几点。

一、知人要做到"五不"

1. 不以好恶而取才。

唐太宗李世民之所以能开创"贞观之治"，与其"吾为官择人，唯才是与，苟或不才，虽亲不用，如其有才，虽仇不弃"的择人之道具有直接关系。他尊重人才，兼听广纳，选用了一大批具有真才实学的人才。诸如魏征等人经常"犯上"直言相谏，但唐太宗从不怪罪厌恶，大显他惜才之情，容才之怀。在当今社会，由于人们的思想、志趣、经历、爱好、性格等方面的差异，难免会形成人际关系中的亲疏远近，但人才却是客观存在的。顺我者未必有才，逆我者未必无才。"内举不避亲，外举不避仇"，关键在于真正做到以事业为重，任人唯贤；客观公正，不以个人好恶亲疏而取才。

2. 不因妒谤而毁才。

古今中外，嫉贤妒能的恶习，屡见不鲜。人才一旦得到重用，也难免会招致某些非议，乃至造谣中伤，打击陷害。在这种情况下，领导者更应慧眼识珠，顶住压力，只要是看准的优秀人才，就应该大胆果断地起用。

3. 不以出身卑微而轻才。

古语说："宰相必起于州郡，猛将必发于卒伍。"生活中很多事说明，一些有真才实学的人，平时默默无闻，是因为得不到崭露头角的机会，甚至一辈子难以施展才能。从汉高祖刘邦所用的人才看，张良出身没落贵族，周勃是吹鼓手，樊哙是屠夫，灌婴是布贩，倘若不是时势给予他们施展才能的机遇，可能同样遭到终身埋没的厄运。拿破仑说："每个士兵背囊里都有一根元帅的指挥棒。"在他的部队里，许多杰出的元帅都是来自社会的下层，来自士兵，著名元帅内伊就是一个饭店老板的儿子。所以，发掘人才既要发现那些崭露头角的人才，也要挖掘那些还没有机会展露才学的人。

4. 不以恭顺而选才。

从某种意义上说，大凡有才能的人，遇事都有自己独立的见解、主张，都有特有的"个性"。人才的本质在于创造，敢于突破，敢于创新，敢为人先。

在现实生活中，一些领导者喜欢下级对自己毕恭毕敬、服服帖帖。如果以是否恭顺、听话而选才，结果很可能是人才难求，奴才云集，埋没了人才，贻误了事业。

5. 不以小过而舍才。

金无足赤，人无完人。"有大略者不问其短""有厚德者不非小疵"。一些人的小过，就像白玉上的小斑点，精明的商人不会因此而丢弃它。所以，用人忌求全责备。司马光说："若指瑕掩善，则朝无可用之人，苟随器授任，则世无可弃之士。"一个人如果毫无失败的经验，未必是好事，失败过的人尝过痛苦的滋味，他们才会更加小心，以免重蹈覆辙。所以识人者要有容人之过的胸怀。

二、善任要做到"五坚持"

1. 要坚持德才兼备。

就是在选拔人才时，将其品德与才学看成是一个完整的统一体，不能割裂，也不可偏废。一个人离开品德，就失去了方向；没有才，品德就成了空洞之物。在坚持德才兼备的前提下，更应注重对德的考察。用人，关系到事业兴衰。历史证明，有德的人有了才，能为国为民干出更多的好事；无德之人有了才，会干出更多的坏事。当然，重德绝非轻才，而是以德为前提，选其中有才者用之。

2. 要坚持重用人才。

刘邦就很会用人。陈平、韩信都曾是项羽手下的人才，因长期得不到重用而转投刘邦并得以重用，所以后来刘邦胜出，也就不难理解了。

3. 要坚持用人所长。

鲁迅曾说："倘要完全的人，天下配活的人也就有限。"在用人时，最重要的是用人之长，避人之短。正如俗话所说："骏马驰千里，耕田不如牛；坚车能载重，渡河不如舟。"一个人总是有所长，也有所短。发扬长处是克服短处的重要方法，扬长避短是发挥人才作用的有效途径。

4. 要坚持注重实绩。

实绩是德才的集中体现和德才兼备原则的客观要求。工作实绩，既不是主观臆想，也不能凭空捏造，而是一种客观的、实实在在的看得见摸得着的东西。实绩是一个人多方面的反映，把实绩作为选拔人才的重要依据，说服力强，有利于提高用人的准确性、公正性，克服主观随意性。

5. 要坚持明责授权。

古人云："非得贤难，用之难，非用之难，信之难也。"在用人上易犯的毛病就是想用而又不敢放手使用。用人必须做到"用人不疑，疑人不用"。所谓用人不疑，就是既用之就要充分予以信任，放手让其大胆工作，明责授权，权责统一。

◎ 根据人的能力特点应用

人的能力可分为感性能力和理性能力，那么在安排使用人才时，就要通盘考虑。比如有的人善于言辞，讲话有说服力、鼓动性和吸引力；有的人语言表达能力较差，就像"茶壶煮饺子——肚子里有货倒不出"。前者适宜于安排在企业的宣传、公关、推销等岗位上，后者适宜于安排到文秘、科研、资料统计、设计等岗位。

企业在对新职工进行能力判别时，一方面可在试用期给予试验性的工作，另一方面可运用科学方法进行测定。世界上许多企业很早就运用能力倾向测验进行人事安排，我国近年也开始出现了这方面的试验。

通常将他们分为敏捷型（手臂运动灵活性高者）、灵巧型（手眼配合灵巧者）、注意型（注意力分配和动作稳定性测验优秀者）、创造型（创造性思维能力高者）和综合型（各方面测验都较优秀者）。在工作分配上，按照不同的岗位需求配位，大多数新职工适应性较强，甚至短时间内就对工作进行了创新，效果很好。

格力电器董事长兼总裁董明珠在一次谈如何用人的讲话中说：我们有 79 个研究所，总共有 13000 人。还有国家重点实验室和工程设计技术中心，支撑我们进行全球学术交流，这是一个国际中心。近几年来，这些科技人才不遗余力地进行研究工作，给格力电器带来突飞猛进的发展，使格力在空调领域不论技术掌控还是市场占有率，都是排在第一位的。但我们不会满足于现状，还要继续自主培养人才，人才的来源主要面向中国国内大学毕业生，为共同创造国运昌盛而奋斗。关于招募人才，格力的文化不是以高薪来募集人才，而是以梦想为主导。我觉得我们还是要有梦想的，有梦想的人经过奋斗才会有更美好的未来。在人才选用方面，一定要把好关口。首先道德是第一位的，没有人品的人绝不能用；其次是才华和实践能力。只会纸上谈兵是没有用的，要真刀实枪操练起来才行；除此，还要有突出的性格特点，比如坚韧、不怕吃苦、有创新思维、敢闯敢拼、忠诚度高、领悟力强等优秀品质特征的人，我们力求根据各人的能力与特点安排适合的工作，让其发挥更大的能量去创造价值。

诚然，知人是为了更好地选人，选人是为了更好地用人，而更好地用人，主要体现在将人才按其能力与特点用到实处。

◎ 根据人的兴趣和气质用人

随着时代的进步，人类社会的推动发展对"高精尖"人才的需求越来越大，越来越紧迫，各行各业都在想尽办法招募优秀的人才。因此，对人才的能力要求，就显得尤为重要了。这不仅要考察反映人才业务素质和技能等因素，还要考察个性心理品质、气质类型和性格特点等优势。之所以要这样，是因为任何一个人能力的实际发挥，不仅仅取决于人才所拥有的具体知识和技能，还与人才的许多非智力因素有密切关系。同样，每一个工作岗位对人才的能力要求也是要全面考量的。

首先，分配工作时要考虑这个人的兴趣度。常言道："兴趣与爱好是最好的老师和'监工'。"因为兴趣可转变为动力和能量，当人产生了某种兴趣后，注意力将高度集中，工作热情将大大高涨。良好的兴趣将使人明确追求、坚定毅力、鼓足勇气走向成功。因此，企业在使用人才时，除要求专业对口外，也要适当考虑这个人的兴趣。

北京字节跳动科技有限公司，成立仅仅十余年，如今已成长为全球最有价值的创业公司（2021年数据），估值突破千亿美元。

首席指引官张一鸣出生于1983年，他从小就对电子产品感兴趣，因为他父亲在东莞开办电子产品加工厂，所以日常父母之间聊的大多是探讨国内外电子生产技术的话题，这让他在很小的时候就种下了喜爱电子产品的种子。后来，张一鸣考入南开大学微电子专业，随后又转专业到软件工程；大四时编写的电路板自动化加工软件PCBS获得了"挑战杯"二等奖。他的天赋在兴趣的强烈带动下，一发不可收拾。2005年毕业后，张一鸣应校友之邀一起创业。先后参与创建酷讯、九九房等多家互联网公司，并于2011年底辞去了九九房的 CEO 职位，开始筹备"今日头条"。经过一段时间运转，2012 年底他第五次创业成功，创办了当下这个享誉世界的公司——字节跳动（bytedance）。不仅如此，他在 2013 年先后入选《福布斯》"中国 30 位 30 岁以下的创业者"和《财富》"中国 40 位 40 岁以下的商业精英"，成为我国互联网行业最受关注的青年才俊之一。

勇于探索的精神像无形的驱动器一样，在兴趣导师的示意下，不停地向前运行。bytedance 开发出名为"今日头条"的手机应用，成为国内增速最快的新闻客户端。除了"今日头条"，字节跳动旗下还有内涵段子、内涵漫画、今晚必看视频等 12 款应用。"今日头条"从上线到拥有 1000 万用户只用了 90 天。

张一鸣成功了！他的成功在于内心对挑战的向往和对搜索的兴趣。这也足以证明兴趣对于一个人成功与否的影响力巨大。同理，起用人才首先要看他对工作的兴趣度有多大。

其次，分配工作要注意这个人的气质类型。管理学将人的气质分为胆汁质、多血质、黏液质和抑郁质四种，不同气质的人对工作的适应性也不同。比如精力旺盛、动作敏捷、性情急躁的胆汁质人，在开拓性工作和技术性工作岗位上较为合适；性格活泼、善于交际、动作灵敏的多血质人，在行政科室或多变、多样化的工作岗位上更为适宜；深沉稳重、克制性强的黏液质人，适合安置在对条理性和持久性要求较高的工作岗位；性情孤僻、心细敏感、优柔寡断的抑郁质人，适合安排在要求细致、谨慎性的工作岗位上。现实生活中的人大多是四种气质的混合体，但总有一两种比较突出的气质会在日常生活工作中自然流露出来。鉴于此，这就需要领导者，在选用人才时，要多注意观察，尤其是小事细节之处，承认差别，尊重差别，才能更好地有的放矢，用得其所。

◎ 用人无常规，实用就好

《孟子·尽心下》有云："尽信书不如无书。"原意是完全相信《尚书》，还不如没有《尚书》。引申意义就是要注重善于独立思考，加以分析，不能盲目地迷信书本道理，应当辩证地去看问题。孟子又说："吾于《武成》，取二三策而已。"的确，学习如此，选用人才亦如此！

在选用人才的问题上，不要过于循规蹈矩，实用就好。可以说，用人过程是一个开放的系统，没有定规可循。组成这一系统的各子系统不仅是变化的，而且其关系界限也是未经明确划分的。这个开放系统的目标，是一个探索、寻求和不断调整的结构，适应这个目标的技术手段是非常规、非标准和非程序化的。在权变者的眼里，用人是一门艺术，它居于"一种最优方法"和"任何方法都重要"之间。美国管理专家卡斯特指出："管理者是诊断医生，他讲求实际，重视成效，同时又是艺术家。"作为管理现代社会化大生产的每一个管理者，都应该努力成为精通权变的艺术家。

记得诺伯特·维纳有一本哲学著作《人有人的用处》，他说："人与人打交道分为两类，一类是同"奥古斯汀恶魔"打交道，它不为自己的策略保密，不会随机改变对策，像跳高的横竿，它不会怕你跳过而在你跨越时突然升高；另一类活动是同"鹰教恶魔"打交道的，它会随机改变策略，如同下围棋，总在琢磨和实施各种对策，如果需要，随时都可以改变原来的策略而实行适应情况的新策略。领导用人属于第二类，应当因时因地因情进行权变。"

权变，即权宜机变，指的是衡量是非利弊，以因事制宜。权的本义是权衡轻重，它与代表恒定的法则的"经"对应。《公羊传·桓公十一年》中有云："权者何？权者反于经然后有善者也。"可见，权的实质是反对永久不变，主张在动态中求宜的。用人活动中，在不违背根本利益的前提下，坚持从实际出发，因时因事，随机应变，妥善地处理和解决问题。

在权变观看来，任何用人活动都是多因素的动态过程，尤其是现代用人活动，更是各种易变数甚至是无限数量的可能组合。有效的用人并不取决于不变的原则和方法，而取决于用人者、被用者和

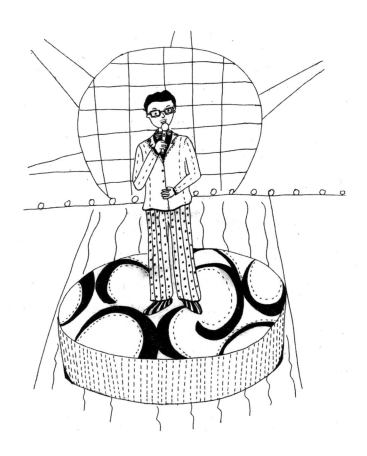

用人环境三者关系的正确配合，其公式是：

用人有效性 =f（用人者、被用者、用人环境）

其中用人环境包括时间、地点和事态。这一公式清楚地表明，任何用人活动的有效性都是用人者、被用者和用人环境三项变量的函数。不同时间、不同地点、不同事态和不同使用对象，要求用不同的用人方式和方法去处理。世界上找不出普遍适用于任何时间、地点、事态和对象的用人方法，一切称之为正确有效的用人方法都是针对具体情况而言的。用人者并不在于有一套固定的法则，贵在有一种指导他正确分析主客观形势、有效控制局势的思想和方法。

用人过程是一个开放的系统，没有定规可循。所谓有效而成功地用人，必定是从实际出发、随机制宜、善于变通地用人，才是最稳妥的方式。

如果在管理团队过程中，能将"让他去做事"变成员工自己主动"我要去做事"，那么就说明你很会用人。总之，有效而成功地用人，必定是从实际出发、随机制宜、善于变通地用人，是对用人方法和艺术运用得最巧妙的领导者、管理者和组织者。

◎ 因时因事而择人

在人事组织架构设计中，对人员整体素质考虑不周全，就会产生较为严重的不良后果。这里所说的整体素质，主要包括人生价值观、智力、理解能力、自控能力和工作能力等方面。

因时而用，就是在最需要的时间，及时选用合适的人才上岗，使人才及时发挥效能，创造更高的价值；以事择人，就是把人才安排到合理的岗位，使人才能够用当其位、用其所长。

作为领导者，一定要知人善用。比如，对于遇事爱钻牛角尖者，你不妨安排他去考勤；对于脾气太犟、争强好胜者，可以安排他去当攻坚突击队长；对于能言善辩好聊天者，可以让他去搞公关接待。

在日常的人事管理当中，如果坚持了这一原则，将使组织发挥出最高效能。遵循这一原则，要求管理者注意以下几个方面。

1. 创造竞争条件，发挥人才的创造力。

有人做过这样的一组试验：把一批志愿者分为 A 和 B 两组，对两组人员进行为期两个月的观察对比。虽然每个人都干着最适合于自己的工作，但 A 组没有压力也没有负担；B 组则被派到十分险恶的环境中去完成任务。待到观察结束，发现 A 组人员精神萎靡不振、没精打采、思维迟钝；相反，B 组人员克服了种种意想不到的困难，不仅出色地完成了任务，而且个个精神抖擞、思维敏捷。这说明因事择人是一个动态的复杂的系统工程，必须创造条件使人的潜能真正得以发挥，否则，不仅造就不出优秀的员工，还会给公司带来损失。

2. 创造一个宽松、和谐的环境。

> 用人之初，首要是先去了解对方，做到因时因事而择人，避免错失人才。不知人之短，不知人之长，不知人之长中之短，不知人之短中之长，则不可以用人。

领导干部要对下属员工给予更多的肯定，要重能力、重实践。在日常管理中要容忍员工偶尔疏忽所做的错事，也要允许他找机会改正过错。只有这样，才有可能使企业中的员工愿意在适合自己的位置上，放心大胆地发挥自己的长处，人人都愿为企业的兴旺发达而贡献力量。在这一点上，可以多借鉴一些成功名企业的用人成功经验，国内诸如华为公司、格力集团、百度、腾讯、小米、京东、美团等均为商业界中的优秀企业，其中企业的用人经验都可以拿来借鉴，以便发展自己。

3. 创造一个人才流动的环境。

在用人问题上，要打破唯票取人和论资排辈，建立灵活开放的人才流动机制，例如可以采取"毛遂自荐""举贤不避亲"等形式，只有这样才能让人才脱颖而出，才能做到真正意义上的"人尽其才"。

"人畅其流"从某种角度讲，也是缓解矛盾的一种方法，同时也促使部门管理者更加爱惜人才。员工有了更多的选择机会，才能更好地施展自己的才能，企业不断地"吐故纳新"，不断输送新鲜血液，促进"血液循环"，营造相互学习、不断进取的氛围，这样做能给企业带来无限活力。

◎ 贵在合适，用对一个人，打开一片天

现代企业的竞争，已从资本、品牌、质量、服务的竞争进入到信息、管理、人才的竞争。几乎所有企业都认同人才资源是企业最重要的资源。

但我们要知道，不管什么样的人才，总不是万能的，总不会是一个全能的"完人"，作为领导者最重要的就是最大化地发挥人才的长处，若能做到这一点，你就会因为用对一个人，而使你心中的宏远计划和目标得到一个良好的推进和发展。

我们不妨借鉴一下"华为"用人方面的策略，其中有这样一个事例。

当年华为集团的第二号人物郑宝用，他的个人领导才能被认为是和任正非差不多强的，吃苦耐劳，善于沟通，而且是一个冲锋陷阵能力特别强的人才。

任正非就很善于用人。他根据这个人的特性，把这个很有特点的员工用到了极致。公司几乎所有需要冲锋陷阵、强攻山头的事情，任正非都让郑宝用去做。可攻下山头来，一般都是干一年后，就再替换人手接管。比如华为原来只有直销，没有分销，而企业网业务、手机业务都需要分销。在迟迟没有建立起分销业务的情况下，就先把任务交给了郑宝用去负责，而他不负所望，华为的分销

业务很快就建立起来了。后来由他牵头负责，又建立起市场营销战略等。

可以说，领导者的重要职能是指挥，而指挥的核心要素就是用人，就是要知人善任，将"好钢用到刀刃上"。

由此，让合适的人做合适的事，发挥他们各自的强项，从而使企业的整个天空变得越来越辽阔明朗。

【用人精要】

董明珠：即使从头再来，也绝不能招揽这五种人！

1.不懂感恩之人不可用

不懂感恩之人，大多都有一个共性，就是特别自负，认为自己所得到的一切都是理所应当，把别人帮助他给予他的成绩认为是自己个人所创造的。他只会选择性忘记自己一路过来别人对他的提携、教导、帮助，甚至还会反咬一口。这样忘本的人，是不会成器的，哪怕能力再强也不能用。

2.道德品质有问题之人不可用

一个道德品质有问题的人，自私自利、阴险、阿谀奉承、见人说人话见鬼说鬼话。此类人在一个企业待久了，就会变成"蛀虫"。

3.领悟能力差的人不可用

大多新员工都是一块"璞玉"，需要有人去细细雕琢才能绽放光华，但有些朽木，是永远雕琢不成玉器的。

领悟能力差的人，是无法培养至管理层成为骨干的，甚至有时候他做错了事，还觉得自己很委屈。此类人适合重复性的工作，过度培养反而会对他造成压力与资源浪费。

4.固步自封之人不可用

这类人主观意识比较强，很难去动摇他的想法，也没有虚心接受改变之心，不堪培养与任用。

5.对企业不忠诚之人不可用

能真正做到无限忠诚的人很少，但起码维持在一个能接受的尺度，企业最不能忍受的就是对单位背信弃义之人。

第三章
扬长避短，用人要唯才所宜

"用人之长，避人之短"，是领导者的用人智慧，其实质含义就是领导者应尽力发掘人的优点，扬其"长"而抑其"短"，使其充分发挥自己的才华效能，做到人尽其才，才尽其用。

◎ 从人的长处着眼

当今世界，受竞争环境影响，很多不确定性持续增强。尤其在商企界，随着高科技不断升级、更新频率的加快，对于各类人才的需求也随之供不应求。但是如何提升领导力，使下属人尽其才，积极构建命运共同体，共创辉煌呢？显然，这与领导者会用人之所长是密不可分的。

正如春秋时期的管仲指出："明主之官物也，任其所长，不任其所短。故事无不成，而功无不立。"也就是说，明智清醒的用人者懂得用人之长，擅于从人的长处着眼，这样一来，成功的几率就会大大增强。清代的申居郧也说过："人才各有所宜，用得其宜，则才著；用非其宜，则才晦。"这里讲的"所宜"，就是个人所特有的长处。也就是说，作为领导者，要能够了解每个属下的长处，并善于利用这些长处。用了人的长处，不但可以使其才能显得更加突出，而且相对来说，他的短处就受到了抑制。

楚国将领子发喜欢交友，尤其是有一技之长的人，都会招至麾下。有个其貌不扬，号称"神偷"的人也去投靠。小偷对子发说："听说将军愿意使用有技艺的人，我是个窃贼，如果将军能收留我，我愿意为将军效命。"子发听其言、观其色，觉得此人满腹真诚，而且身手敏捷，或将大用。于是连忙起身相掖，以礼相待，将他留下来。

子发手下的官员都劝诚说："小偷是天下公认的盗贼，为人们所不齿，为何对他如此尊重？"子发摆摆手说："你们难以理解，以后就会明白的，我自有道理。"

有一次，齐国攻打楚国，楚王派子发率军迎敌结果楚军屡次败退。无计可施之际，神偷主动请缨，说："我有个办法，让我去试试吧。"子发见没有什么好办法，也就点头同意了。于是，在夜幕的掩护下，小偷溜进齐军军营内，神不知鬼不觉地将齐军主帅的睡帐偷了回来。子发依计派使者将帷帐送还齐营，并对齐军说："我们有一个士兵出去砍柴，得到了将军的帷帐，现前来送还。"齐兵面面相觑，目瞪口呆。

第二天，小偷又潜进齐营，取回来齐军首领的枕头。子发又派人送还。

第三天，小偷第三次进了齐营，取回来齐军首领的发簪。子发第三次派人将发簪送还。这一回，齐军首领惊恐万分，不知所措，军营里人心惶惶。齐军首领紧急召集军中将士，说："今天再不退兵，楚军只怕要取到我的人头了！"将士们无言以对，首领立即下令撤兵，落荒而逃。楚营内众将士无不佩服子发的用人之道，实在是高明。

其实，窃贼的本领就是偷窃，偷窃本来是为人所不齿的，但是被用人者善加利用后，却变成了一个独一无二的长处，最后竟然依靠"偷窃"改变了战争的结局。

可见，人不可能每一方面都出色，但也不可能一无是处。管理者要理性分析每个下属的优缺点，千万不能夹带个人喜好。说不定你今天不喜欢的人，他日正是你事业转机的干将。

> 每个人都会有自己的长处，作为领导者应该善于利用下属的长处，让下属的才能得到最好的发挥。

44

◎ 扬长避短，用其所长

"用人之长，避人之短"，是领导者的用人智慧，其实质含义就是要做到扬长避短。扬长，即发挥长处；避短，即避开其不足之处。客观来讲，世上十全十美的人是没有的。为此，在用人中领导者应尽力发掘被使用者的优点，扬其"长"而抑其"短"，使其充分发挥自己的特殊专长，做到人尽其才，才尽其用。

作为一个管理者，如果不能明智地辨识下属的长处和短处，就不能正确地用人，结果就会造成混乱和失败。

"才器过人，好论军计"是马谡最大的特点。他对军事理论有一定研究，并能写善说，可以算是优秀的参谋人才。对他的谋略，诸葛亮十分欣赏，有时二人一谈，就谈个通宵达旦。公元225年，诸葛亮率大兵南征，留下了"七擒孟获"和"安定西南"的佳话。之所以取得这样辉煌的战绩，与马谡的贡献是分不开的。诸葛亮采取的"攻心为上，攻城为下；心战为上，兵战为下"的策略，就是马谡提出来的。

但马谡也有缺点，最明显的就是缺少独当一面的经验与实践。鉴于此，刘备临死时对诸葛亮说："马谡言过其实，不可大用，君其察之。"可见刘备看出了诸葛亮对马谡的偏爱，担心他委以重任。如果诸葛亮认真分析采纳刘备的意见，坚持以马谡为"参军"，不把马谡推到主帅领兵打仗的第一线，马谡的参谋作用肯定会发挥得很好。可惜的是，诸葛亮没意识到这一点。第一次出祁山，便放着魏延、吴壹等将领不用，而"违众拔谡"，让马谡当了北伐的先锋官。这样使用马谡，真可说是弃马谡之长，用马谡之短，强马谡之所难。结果街亭一战，吃了大败仗，弄得蜀军狼狈不堪，诸葛亮也跟着落荒而逃。

上述故事作为一个用人之长，避人之短的反面案例，其后果和沉痛性是很令人深思的。

关于用人之长，避人之短，古今中外成功案例数不胜数，领导者都可以拿来借鉴。

1968年，卡尔森从斯德哥尔摩经济学校毕业后，进入温雷索尔旅游公司从事市场调研工作。三年后，北欧航联买下了这家公司。卡尔森在旅游公司先后担任了市场调研部主管和公司总经理。由于他经营有方，这家公司很快发展成瑞典一流的旅游公司。

1978 年，瑞典航空公司出现经济危机，无力偿还债务。卡尔森临危受命，成为该公司的总经理，经过调查，找到了问题所在：国内民航公司所订的收费标准不合理，早晚高峰时间的票价和中午空闲时间的票价一样。

卡尔森立即进行整改，将中午班机的票价减了一半以上，以此吸引去瑞典湖区、山区的滑雪者和登山野营者。这样一来，顾客们为了第一时间抢到机票，甚至在机场外面扎起帐篷等候空座。仅一年时间，瑞典航空公司就扭亏为盈，获得了相当丰厚的利润。

1980 年整个北欧航联又出现了危机，卡尔森大胆改革，除下放权力外他还主张翻新飞机，把飞机的走道加宽，给订飞机票（价格较高）的商务旅客安排较好的座位，并把企业分成规模不等的利润包干中心。短短两年时间北欧航联在大多数航运公司亏损的情况下实现了盈利，并获得生机。

然而卡尔森并不是一个十全十美的人，他自称是个"有表现癖"好出风头的人，并声称"天下三百六十行，行行都在表演亮相"。董事会成员都不喜欢他，一些同事对他夸夸其谈的作风大为不满。他曾要求将公司改名为"斯堪的纳维亚皇家航空公司"，觉得这更符合这几个君主国的国情，结果碰了一鼻子灰。副董事长反唇相讥："你自己是不是也想改名换姓？"尽管这些人不喜欢卡尔森，但也不得不承认卡尔森的经营管理能力。后来他们索性不与他计较了，只要卡尔森能为他们赚钱，他们还是愿意让卡尔森当总经理的。

其实，每个人都有长处，也有短处，没有十全十美的，这就要求领导者要善于观察人、了解人了。学会用人之长，避人之短，那么短处运用得当就会成为长处，而长处用错地方也会成为短处。用人，关键是扬长避短，只要短处无碍大局，就不必过于计较。

> 领导者要善于从属下的长处着眼，为其安排适得其所的工作岗位，使他的长处得到最好的发挥，这样事业才更容易成功。

◎ 用好"短处"能变长处

任何事物都不是绝对的，而是在一定的条件下会产生一定的改变。好事能变成坏事，坏事也可变成好事。就用人来说，我们也不能用静止的观点去看待一个人的"短处"。须知，只要善用，往往也能使一个人的"短处"变成长处。

清朝有位军事家叫杨时斋，就很善于用人之"短"。他认为，军营中无人不可用，聋者，宜给左右使唤；哑者，令其传递密信；跛者，令其守坐放炮。杨将军深知，聋者因耳聋少听可免漏军情，哑者守口如瓶可免通风报信，跛者艰于行走而善坐……杨将军明白"长兮短之所倚，短兮长之所伏"的道理，如此用人用出了名堂，把每个人都派上了用场。

一个人的"短处"用好了就是"长处"。有一家公司的领导，他在注重用人之长的同时，也千方百计用人之"短"，特意派那爱"吹毛求疵"的人担任厂里的质量监督员，让那"谨小慎微"的人当安全生产监督员，让"斤斤计较"的人当仓库验收员。这些平时被瞧不起的人在企业里都有了自己的用武之地，他们各司其职，各负其责，发挥出不可估量的作用，使得工厂的效益大增。

以"短"评价人是错误的。古诗说："挽弓当挽强，用箭当用长。"此话固然不错，但人无完人，任何人总是优点与缺点并存，

长处与短处共有。作为一个领导者懂得用人之长固然可贵，但能用人之"短"更为难得。因为一个人长处和短处并非是一成不变的，而是可以互相转化的，使用得当，短处也完全可以变成长处。然而，由于有的人认识不到这一点，往往只看到人的短处，总认为别人不行，结果造成人才浪费，工作不能创新。须知，尺有所短，寸有所长。尧舜是治国大才，如果让他去砍柴、放牛可能不如一般的老百姓；汉高祖刘邦开一代朝纲，他自己也承认在有些方面不如萧何、韩信、张良。可见，不能以"短"评价一个人，更不能以"短"处否定人。

一位先哲说过："垃圾是放错了地方的宝贝。"以此看来，某些"庸才"或许是放错了位置的人才，或许是由于受传统心理定势的影响而看偏了的"短才"。的确，在一个公司中，各方面的人才都会有，甚至可以说，人人有优长，人人是人才，就看你能否满腔热情地去发现。

> 作为领导者不但要善于用人之长，而且还应善于发现和挖掘潜藏于短处的优势，大胆取他人之"短"，用他人之"短"。只有正确使用人才，充分发挥本单位每个人的优势，这样，人才才会层出不穷。

真正有用人智慧者，敢于用那些看似普普通通而实际上有特殊才能的人才，用那些优点突出缺点也明显的人才，用那些看似一无是处且别人不敢用的人才。用人之道，在于用人之长，也可用人之"短"。我们需要转变自己的视角和观念，只有让人才处在能充分发挥其专长的位置上，才会干得更出色，才能使组织得到更大的收益。

◎ 在人才互补中释放最大能量

让人才形成互补，才能最大限度释放人才的能量，而人才的互补是平衡策略的重要内容。随着现代科学技术的发展，很多科研、攻关项目是需要体现多边互补原则的，这里既需要有才能互补、知识互补、性格互补，又需要有年龄互补和综合互补等。这样的人才结构，在科学上常需"通才"领导，使每个人才各得其位，各展其能，从而和谐地组合在一个"大型乐队"之中奏出美好乐章。这种互补定律得到的标准和结果是整体大于部分之和，从而实现人才群体的最优化。

当今社会，很多企业家都说"人才是企业的核心竞争力"。而任正非却说："人才不是华为的核心竞争力，对人才进行有效管理的能力，才是企业的核心竞争力。"诚然，华为很早就认识到将人才作为最核心的资产，比资本重要。

　　华为公司，成立于 1987 年，总部在广东省深圳市。任正非创建华为公司之初，东拼西凑才集资 21000 元人民币，与几个志同道合的人一起创业成立公司，成为一家生产用户交换机（PBX）的香港公司的销售代理商。初期为了拓展业务，任正非不仅要跑市场调研，还要开拓销路，但成效不大。他深知这样下去不会有太大进展，于是广集人才，壮大队伍。郭平是 1988 年加入华为团队的，堪称是创业元勋；1989 年，孙亚芳丢下"金饭碗"毅然加入华为，担负起市场推广的重担，逐步打开市场，扭转了销售危机。随着孙亚芳等"五虎上将"的陆续加入成为任正非的得力干将，使任正非看到了希望，更加坚定了发展民族企业的远大理想。

　　任正非在选用人才方面，很注重人才互补原则。在这些元老级的精英之中，郭平的能力和功劳可见一斑；另外，华为第一代研发带头人郑宝用的加盟，更是令任正非激动不已。任正非评价郑宝用是"一个顶一万个"的天才，深受任正非器重。也正因为华为公司人才济济，所以在供应链断裂的情况下，可以坦然自主开发 PBX。1991 年 9 月，华为租下了深圳宝安蚝业村工业大厦三楼作为研制程控交换机的场所，50 多名年轻员工跟随任正非来到这栋破旧的厂房中，开始了他们充满艰险和未知的创业之路。他们一心扑在工作中，虽然环境较为艰苦，但从未阻挡创新人才的脚步。1991年，徐文伟加入华为，成为第一代创业者参与研发芯片，并在2019年福布斯发布全球50位最具影响力CMO榜排列第23名；1996年何庭波加入华为，引领研发了麒麟芯片，开创了中国芯片历史，被称为"华为芯片女皇"……

"华为"就像一个巨大的磁场，吸引无数高精尖人才，形成优势互补，采用国际化的全球同步研发体系，聚集全球的技术、经验和人才来进行产品研究开发，使产品一上市，技术就与全球同步。"华为"经过不断努力，在1996年进入香港市场，1997年进入俄罗斯，1998年进入印度，2000年进入中东和非洲，2001年迅速扩大到东南亚和欧洲等40多个国家和地区，2002年进入美国。华为从一开始的小作坊，能够发展到今天，正是在于善于利用人才，并能释放人才最大能量而形成的。

当今社会，管理者只有合理地搭配人才，用好人才，充分地发挥群体优势，才能取得巨大的工作成效。特别是随着社会化大生产的实现，单纯依靠一个人或者一类人，已经远远不够了。一个有效的人才群体，必须通过合理的优化组合，才能产生新的、巨大的集体能量，才能取得卓有成效的业绩。

事实也反复证明了人才结构中的互补定律，在实际应用中所产生巨大的互补效应。综合互补的用人之道，在企业的经营管理中起着越来越重要的作用。只有了解了人才中的才能互补定律，才能更好地用人。

◎ 用人的"四戒四诀"

美国著名管理学大师彼得·德鲁克提出，有效的管理者能使人发挥其长处，而不是抓住其缺点和短处。他提出了管理学著名的用人之道。

1. 用人之长的四戒

一戒选用"样样都行"的人。才干越高的人，其缺点往往也越显著。有高峰必有深谷。世界上没有真正什么都能干的人，只是在某些方面"能干"而已。

二戒认为"听话就是好干部"。作为管理者应知道用人是来处事的，而不是为了投己所好。有效的管理者从来不问："他能跟我合得来吗？"而是问："他能做些什么？"

三戒因人设事，而要因事用人。用人应保持以"任务"为重心，而非以"人"为重心；用人不能只注意"谁好谁坏"，而忽略了"什么好什么坏"；用人不能只注重"我喜欢此人吗"？而不去想"用此人是否会有所成就"？

四戒嫉贤妒能，要能容人所长。不要认为他人的才干可能会对自身构成威胁，所以就处处为难设阻。其实只要公正诚恳待人，真正有才学者从不吝啬才华，会成为你成就事业的忠诚先锋。

2. 用人之长的四诀

一诀，不要将职位设置过高。每个人都有不同程度的荣辱感，如果身处一种职位，却总也完不成指标，又怎会有成就感呢？久而久之就会丧失斗志，甚至会因此影响集体效益。

二诀，对每个人的工作要求设有一定的难度和广度。难度是指工作内容具有一定挑战性，这样才能促进人尽其才；广度是指工作性质具有较为广泛的内涵。这样才能使下属激发斗志施展才华，达到应有的效果。

> 管理的重心是管人、用人。只有先学会很好地欣赏人，才能很好地用人。

三诀，选用人才之前要先搞清楚这个人能做什么，然后适配其位，营造良好的工作环境，使其拥有足以发挥才智的发展空间。

四诀，有效的管理者知道在用人之长的同时，必须容忍其人之短。

总之，成功的管理者要善于发挥每个人的才干，才能产生事半功倍的效应、组合的效应、放大的效应。

【用人精要】

百度创始人李彦宏：用人并不看重院校

百度创始人、董事长兼首席执行官李彦宏表示，百度并不看重员工的年龄、性别、学历、毕业院校以及工作背景。但必须遵循两条基本原则。

1.要看其有没有能力和潜力胜任工作。

一般情况下，新人不一定会顺利完成工作任务。在百度，新人可以犯错，但是经过"点拨"之后，不能再犯同样的错误。"一点就通"显示出新人的能力和潜力。

2.看其认不认同公司的企业文化。

百度是致力于保持创业激情、愿意学习、富有创新的公司文化。但是有些人求稳，不愿意探索创新，不愿意在高速成长的环境中工作，希望有一份稳定的工作和生活，那么这类人就不太适合百度了。

李彦宏还说："早先，我就说过，我是把1/3的时间用在寻找优秀的人才上，除了刚毕业的计算机、软件专业的大学生，在市场、营销、管理等方面，我们也需要大量的人才。而百度揽才的目标也不局限于中国市场，包括商业运营副总裁沈皓瑜（前美国运通副总裁）、首席科学家威廉·张（前 Infoseek 首席技术官），这些都是百度从全球市场上觅来的高级人才。"

在用人方面，李彦宏始终坚持着找最聪明的人、找有成功欲的人、找愿意付诸行动的人，由此才能把人的才能发挥到极致。

第四章
抓大放小，用人不要过于挑剔

　　英国教育家洛克说："没有有效的监督，就不会有满意的工作绩效。明智的管理者会利用监督这把利剑，促使员工既心有紧迫感，又满怀热情地投入到工作当中去。要运用六字真言：抓大、放小、管细。"这样既能激活团队创造力、决策力和行动力，还能提高工作效率、减少沟通成本和时间成本，从而更好地管理公司。

◎ 要有容才之量

杰克·韦尔奇在《赢》中有这样一段话："成为一名领导之前，成功取决于个人；在成为一名领导之后，成功取决于别人。"

不难看出，一个人若不经过努力，很难成为出众的人才的，更不要说成为领导者统揽全局了；而一个真正成功的领导者，不是身后跟随多么庞大的簇拥队伍，而是有多少人甘愿为集体贡献力量。理解了领导者的核心凝聚力，也就不难理解"容才之量"的重要性了。所谓的容才之量，就是能够容得下他人比自己强的气量，虚怀若谷，善"扬"他人所长，肯定属下的优点。这一点，华为总裁任正非就做得很到位，比如"董事长轮班制"。这样的管理决策，恐怕是史无前例的。任正非这样做，不仅给下属提供了发挥自己才能的舞台，也因此让大家感受到了极大的鼓励与支持，人人心中都会长出不可挫败的责任感，何愁企业不越做越大，越来越强呢？

领导者用人器量之窄，无容才之量是不行的。试看成功者，大多都是具有容才之量的智者。

亨利·福特 1899 年开始创办汽车公司，后来成为誉满全球的汽车大王。然而世事难料。1945 年，第二次世界大战即将结束的时候，福特汽车公司濒临破产。1945 年 9 月，老亨利·福特退位让贤，由他的孙子小亨利·福特接管这个岌岌可危的家族企业。

小福特决心重整旗鼓，重振公司昔日雄风。小福特抽丝剥茧查找原因。原来，老福特在福特公司繁荣发展的时候，变得主观武断，放弃了任人唯贤的管理原则，实行家长式的管理作风，不容许外人插手管理，而且一言不合就辞退，因此损失了一大批有才能的人，甚至有一次竟然赶走了 30 名管理者。

老福特最大的错误在于辞退了库兹恩斯。此人是汽车工业专家，又精于管理。福特汽车公司之所以能成为世界头牌汽车制造企业，与此人密切相关。当初，是库兹恩斯苦心经营，认真调研市场，建立分销网，并采用先进的管理方法，建成世界上第一条汽车装配流水线，使 T 型车的生产效率提高十几倍。福特汽车公司由此一路高歌猛进，成为世界上汽车工业的龙头老大。因此，辞退库兹恩斯使老福特付出了惨痛的代价。由于他的管理方式相对落后，而且又独断专行，使福特公司每况愈下，陷入困境。

　　小福特对其祖父的失败原因深感痛心，决定重新启用高端管理人才。小福特从通用汽车公司高薪挖来了布里奇，并由他主持公司的全面业务。布里奇原本是通用汽车公司的副总裁，具有很好的管理才能，在通用有极大的影响力。布里奇能够死心塌地为小福特效力，完全是被小福特充分的尊重信任以及容才雅量所折服。所以他不仅带来了通用公司的克鲁索，同时还录用了十几位才华出众的年轻人，包括后来出任美国国防部长的麦克纳·马拉。精兵强将组成的领导群体具有所向无敌的力量，先进的管理方法使福特公司老树发新芽，重新焕发出勃勃生机。

经过几年的努力奋斗，终于使福特公司容光重现，成为仅次于通用汽车公司的第二大汽车公司。

所以，一个优秀的管理者不但要有得力的人才帮助自己成就事业，还必须具有容才之量，这样才能留住人才。因此，为人胸襟宽阔是非常重要的，只有这样才能容得下人，也只有这样才能用好人。

◎ 抓大放小，不以小过舍大用

据《左传·宣公二年》记载，大臣士季劝谏晋灵公时说："人谁无过，过而能改，善莫大焉。"意思是说，人不是完美无缺的圣贤，犯错误是难免的，但只要能及时改正自己的错误，就是最好的了。不能揪着一点点小错误就否定这个人的一切能力，只要认清错误的本质，及时加以纠正就好。所谓亡羊补牢，为时不晚。

对于用人而言，不只是看谁是人才，谁不是人才这么简单，而要从小的方面推断大的方面，同时还要抓大放小，不以小过而舍其大用。

因小失大的真实案例，从古至今不胜枚举，当引以为戒。

周亚夫是汉景帝的重臣，一生主要打了两场大仗：一场是和匈奴作战，打败匈奴入侵；一场是用三个月的时间平定"七国之乱"。周亚夫因此名震四方，但也因为汉景帝的不能容忍小过而扼杀了一代名将。

周亚夫性情耿直，治军严谨。在汉文帝时期，曾因"细柳阅兵"得罪了皇帝，但汉文帝并未降罪于他，反而称赞周亚夫做得对，带兵打仗，军营就得训练有素，纪律严明。可见汉文帝不拘小节、心胸宽广，成就了一代君臣和谐，稳定了盛世。文帝临终前拉着汉景帝的手嘱咐道："周亚夫是难得的将才，且有忠君之心，能堪以重用。"

然而到了汉景帝时期周亚夫就没那么幸运了。一天，汉景帝宴请周亚夫，给他准备了一大块肉，但是没切开，也没给他准备筷子，正常来讲，这么大块肉没有刀叉筷子是无法食用的。周亚夫不知道这是在试探他对皇帝的安排是否顺从。当时一看这情景立马就不高兴了，回头向内侍官要了一双筷子。后来越想越憋气，干脆起身跪地谢恩，饭也不吃了，转身怒气冲冲就走了。汉景帝叹息道："周亚夫连我对他的无礼都不能忍受，怎么能放心让他辅佐少主呢？"

汉景帝就因为周亚夫不善于屈从顺服的小毛病，就放弃了让他做太子辅政大臣的打算，也因此失去了一代良臣干将。

世界上本就没有十全十美的人，任何人总有他的长处和短处。因此，就领导用人来讲，要抓大放小，不能因小过而舍大用，如此才能保证用人的正确性。

正所谓"有大略者不问其短，有厚德者不论小疵"。

三国时期，曹操手下有位很重要的谋士叫郭嘉。此人虽才华出众，但行为不太检点，对此，曹操并不介意，依然对其信任有加，同时又对陈群的工作态度加以奖励。也就是说，曹操既不去处分郭嘉让他改正他私人生活上的缺点，同时又对陈群予以肯定嘉奖。客观来讲，这就叫抓大放小。其实，曹操心里非常清楚一点，就是道德底线必须坚守。如果不坚守道德底线，就会出现满朝都是小人的现象，这是曹操要表扬和肯定陈群的原因。但同时曹操又明白另一个道理，就是说不能纠缠鸡毛蒜皮的小事，因为世界上没有十全十美的人，任何人都会有缺点、有错误。

总之，一个聪明的领导，一定懂得抓大放小的艺术，懂得"不以小短掩大美，不以小过黜大功。"由此在灵活与平衡之中把握好用人的艺术。

◎ 不计前嫌有雅量

作为企业家，一定要心胸宽广，具有海纳百川的容人雅量，这关乎企业的兴衰成败。正如古语有云："真君子，有杯盂之量，有池沼之量，有江海之量，有天地之量。天地之量，圣人也；江海之量，贤人也；池沼之量，中人也；杯盂之量，则小人也。"

在现实生活中，人与人相处，因观点角度不同，往往各执己见，难免会有争执、过节、恩怨。对于类似情况的发生，最重要的是不计前嫌，积极解决问题。不计前嫌是气度，是大量，也是为人处世中利人且利己的一剂良药。但需注意，应当是宽容而不是纵容，是帮助而不是袒护，是教导而不是懈怠，让下属主观认识到错误的原因，并争取改过、改进，避免重犯类似的错误。这样的领导不但能够很快地展开工作，也能得到下属的信任和拥戴，并产生很好的凝聚力、向心力。

东汉时期的著名军事家、外交家班超不计前嫌化解与李邑嫌隙的故事一直被后世传为佳话。

班超在西域联络了很多国家与汉朝和好，但龟兹国恃强不从。班超便去结交乌孙国。乌孙国王派使者到长安来访问，受到汉朝友好的接待，使者告别返回，汉章帝派卫侯李邑携带不少礼品同行护送。

李邑等人经天山南麓来到于阗，传来龟兹攻打疏勒的消息。李邑害怕，不敢前进，于是上书朝廷，中伤班超只顾在外享福，拥妻抱子，不思中原，还说班超联络乌孙，牵制龟兹的计划根本行不通。

班超知道李邑从中作梗，叹息说："我不是曾参，被人家说了坏话，恐怕难免见疑。"他便给朝廷上书申明情由。

汉章帝相信班超的忠诚，下诏责备李邑说："即使班超拥妻抱子，不思中原，难道跟随他的一千多人都不想回家吗？"诏书命令李邑与班超会合，并受班超的节制。汉章帝又诏令班超收留李邑，与他共事。

李邑接到诏书，无可奈何地去疏勒见了班超。班超不计前嫌，热情地接待了李邑。他改派别人护送乌孙国的使者回国，还劝乌孙王派王子去洛阳朝见汉章帝。乌孙国王子启程时，班超打算派李邑陪同前往。

有人对班超说："过去李邑毁谤将军，破坏将军的名誉。这时正可以奉诏把他留下，另派别人执行护送任务，您怎么反倒放他回去呢？"班超说："如果把李邑扣下的话，那就气量太小了。正因为他曾经说过我的坏话，所以让他回去。只要一心为朝廷出力，就不怕人说坏话。如果为了自己一时痛快，公报私仇，把他扣留，那就不是忠臣的行为。"

李邑知道后，对班超十分感激，从此再也不诽谤他人。

◎ 以宽广的心胸待人，可使异己变干将

孔子云："己欲立而立人，己欲达而达人。"如果你自己想有所成就，就先去成就别人；如果你见不得别人的好，挡住别人路的同时，也堵死了自己的路。殊不知，所有大格局背后，都是一种成全。事实上，成全别人，才能走出一条更宽广的路来。

　　作为一个领导者，如果发现可用之才，首先要接受这个人在某方面的能力较强，甚至高于自己的事实，然后恰如其分地给予一个施展才华的平台，就算是曾经因事与自己有分歧，也要针对性进行客观分析对待，不要因为心胸狭隘而误人误己，因小失大。

　　一个真正的贤者，往往都具有容人之心。

　　众所周知，历史上齐桓公是春秋五霸之一，管仲是我国历史上著名的政治家。齐桓公得以称霸，在很大程度上是得到了管仲的大力辅佐。但这一对被后人称道的贤君良臣，他们之间却有着一段不可不说的恩怨情仇。

　　当初齐国内乱，公子小白（齐桓公）与老师鲍叔牙投奔莒国，其弟公子纠同老师管仲逃往鲁国避难。后来齐襄王被杀，两个逃难在外国的公子纷纷回国继位。管仲为了阻止公子小白率先回国继位，于是独自骑马追上公子小白，乘其不备突发一箭，结果小白中箭落马。管仲是一个神射手，几乎百发百中。然而事有凑巧，管仲这一箭正好射中小白护心镜的铜钩上，幸免一死，并且比公子纠先回国继位了。鲍叔牙知道管仲是个治国雄才，所以就向齐桓公推荐管仲，但齐桓公记着一箭之仇，连连摇头坚决不答应。鲍叔牙晓之以理，说道："管仲的才华，胜我百倍，大王若想大展宏图，开创基业，非管仲莫属。"齐桓公权衡再三，觉得鲍叔牙所言极是，于是摒弃前嫌，宽仁以待，委管仲以宰相重任。后来，管仲不负众望，辅佐齐桓公九合诸侯，一匡天下，成就了齐桓公的千秋霸业。

通过齐桓公放下仇恨，重用管仲的事迹，也就不难理解齐桓公成为春秋五霸之一的奥秘了。当然，宽以待人可以人人予之，但委以重任必先考量是否品学兼优，若像管仲这般君子风范之人，万不可弃之。

法国作家雨果说："世界上最宽阔的是海洋，比海洋宽阔的是天空，比天空宽阔的是胸怀。"

就实际来说，利害冲突是纷争的根源，此外的感情纠葛、思想冲突、政见不一等，也都是纷争的起源。缺少宽广的心胸，就会导致恶剧不断上演；以宽广的心胸待人，能够消除隔阂，增进忠诚，从而享受和睦与宁静。

> 当你对下属表示信任并委以重任时，就已得到了对方的信任，随之而来的还有一份忠诚和不遗余力的奉献。

这不仅是为人处世的良方，也是领导者用人必须拥有的气度。当下属偶尔有错时，如果你能予以包容，下属定会感动万分，会加倍努力工作予以回报。

在一定情境下，以宽广的心胸待人，还能使原本反对你的人变为朋友，使原本抵触你的异己变为你的干将。

东汉光武帝刘秀在河北与自立为帝的王郎展开大战，王郎节节败退，逃入邯郸城。经过二十多天的围攻，刘秀大军攻破邯郸，杀死王郎，取得胜利。

在清点缴获的物品时，发现了大量私通王郎的信件，内容大都是吹捧王郎，攻击刘秀的，写信者都是刘秀这边的人，有官吏，也有平民。

刘秀手下有人建议说："这些人吃里扒外，应该抓起来统统处死。"因此曾经给王郎写过信的人，个个提心吊胆，担心必死无疑。

刘秀知道这件事后，立即召集文武百官，命人把那些信件取过来，无需查看是谁所写，当众扔到火盆中烧掉了。并对大家说："过去有人写信私通王郎，做了错事。但事情已过去，可以既往不咎。希望那些过去做错事的人从此安下心来。"

刘秀以宽宥之心处之，使那些曾经私通王郎的人松了一口气。他们都发自内心感激刘秀，甘愿为他效劳。刘秀也因此俘获人心，成为东汉开国皇帝。

刘秀的做法很值得现在的领导者借鉴。信任下属，不抓小辫子，敢于放权，都是获得下属归属感和提升干劲的良方。

◎ 批评要讲手段

"当局者迷，旁观者清。"作为旁观者，应及时予以批评指正是很有必要的，起码可以减少一些不必要的损失。但是，批评要恰到好处，方显成效，否则就会适得其反。

有人说赞美如阳光，批评似雨露，二者就像两条平行的轨道，缺一不可。的确，谁不爱听溢美之词呢？如果将恶毒、令人难堪的批判言辞换作中肯的话语，不仅能帮助对方纠正错误，而且还能扭转局面，双向受益。

春秋时期，齐景公特别喜欢打猎，在皇家园林养了很多猎鹰，并派专人烛邹管理那些鸟。可是由于烛邹一时疏忽，飞走了一只。齐景公闻讯非常生气，要杀掉烛邹。晏子见状连忙进谏说："烛邹罪不可赦，不能轻易就杀了他，请让我列举他的三大罪状后再杀掉他。"齐景公同意了。于是晏子厉声说："烛邹！你为我们大王养

鸟，却让鸟逃跑了，这是第一大罪行；让我们君王为了一只鸟而生气杀人，这是第二大罪行；让天下诸侯知道大王杀你这件事，会认为我们大王重视鸟而轻人命，这是第三大罪行。烛邹的罪恶深重，请杀死烛邹吧！"景公一听晏子所言，顿时羞愧难当，觉得自己确实有些过分，若真因为一只鸟而杀人，就会落下暴君之名，失去民心。于是挥挥手说："算了，不用杀他了。"

通过这个历史典故，可见批评的技巧。人在气头上往往会丧失理智，且有逆反心理。试想，若晏子直言进谏求情，定会火上浇油。晏子的高明之处在于，名义上指责烛邹的罪状，实际上却在批评齐景公，声东击西。不仅达到了救人的目的，同时还达到了教化的目的。

卡耐基说："批评不但不会改变事实，反而会招来愤恨。"现实工作中，每个员工都有不同的分工，能力各异，难免会出现错误或意外失误。作为领导者，以雷霆之势直接指责部下的错误，使其犯错者觉得自己一无是处，虽然迫于权势点头认错，但口服心不服，甚至引起反感，有可能还会出现报复性行为，造成无法挽回的过失。

有人也许会问："难道属下犯错误就不能批评了吗？"当然

不是。

属下犯错时，予以批评是无可厚非的。批评部下时，直言不讳、措辞严厉些也没什么。但是，作为领导者一定不要得理不饶人，不要唯恐天下人不知。要注意批评的语言技巧与实施场合，才能达到事半功倍的效果。

有时候为了解除紧张，批评过后不妨说句充满幽默感的话。因为幽默的语言具有缓冲作用，能够解除心理上的紧张感和尴尬局面。尤其是双方形成对立关系时，幽默如同润滑剂，含有"原谅"及"下不为例"的双重含义。即便是不苟言笑的领导，也可以用微笑代替，因为越是没有文字的语言，所表达的意义就越容易使人凝神思考。

有些领导者误以为批评就是管理，不经常批评下属反而会被轻视，显得没有威严，所以，抓到一点小错就大肆批评，严加处罚，却不懂得从根源处理问题。像这样以批评来惩罚部下，到最后不免会削弱部下的干劲。上进心也随之减弱，甚至引出情绪上的逆反，将人才逼走。

◎ 这样的批评方法更有说服力

批评的语言再怎么顺耳，也不会像表扬那样被人乐于接受，但是，如果认为批评就不怕得罪人，"竹筒倒豆子"般想咋说就咋说，不讲究方式方法，那就大错特错了！以好的方法去批评教化，常常会收到表扬都难以达到的效果。

下面介绍一些有效批评的方法：

1. 请教式批评

有这样一个例子。有个人在一个警示了"禁捕、违者罚款"的水库偷偷捕鱼。远处走来一个管理员，捕鱼人心想这下可糟了。可是管理员走近后，不仅没有大声训斥，反而温和地说："先生，您在此洗网，下游的河水岂不被污染了？"这幽默的语言，反问式的拷问，让捕鱼人顿时无地自容，连忙诚恳地道歉而去。

同样的道理，当下属发觉出错后，心里肯定会自责的。这个时候，你就没有必要厉声训斥了，而应以温和的方式作一个"冷处理"，效果会更好。

2. 安慰式批评

遇到事情，多一些换位思考。作为领导者，应该多从下属的角度考虑问题，在给予批评的同时，也要留些余地，给对方一些心理安慰。当然，安慰也应该有个限度，绝不可以让下属产生无所谓的态度，这样同样无助于问题的解决。

尤其是面对过分献殷勤的异性下属，他们往往认为所有领导都喜好奉承，说几句批评式的话只是做做样子而已。而这种下属，是领导者最该"用心"的时候。

3. 暗示式批评

批评人本来就是一件令人不愉快的事，尤其是针对那些"过分殷勤"的人。对于这种下属，领导者可以委婉地说："你看某某人表现真不错哈。"通过如此两相对照，让下属心领神会你对其不满。既委婉表达了态度，又让下属保住面子，同时也令下属认识到了自己的错误。

4. 模糊式批评

模糊式批评方法，又称"点到为止法"。某单位为整顿工作纪律，召开了员工大会，领导在会上说："最近一段时间，我们公司的纪律总体来说是好的，但也有个别人表现较差，有的迟到早退，还有的在工作时间'磨洋工'……"

这就是一种典型的模糊式批评。其中用了不少模糊语言如"总体""个别""有的"等。如此模糊式批评用语，点到为止。既照顾了面子，又指出了问题。通常这种说法比直接点名批评效果更好，具有震慑全体的功用。

5. 指出错误，明确道理，也要指出对的

有些领导者批评下属，只把重点放在指出下属"错"的地方，却不能明确指出下属应该怎样做才"对"。这样只会对下属造成一种心理压力，反而不利于下属心悦诚服地接受你的批评，并依据你

的批评积极主动地去改掉错误。

尤其对于那些明事理的下属，领导者更应该明确指出他这种行为对相关人和事的危害性，同时指出一条正确的路，教育其用能力、学识、良好的人格力量去赢得领导的赏识。下属若能改正，并且小有成绩，领导者应适当予以鼓励，这样更有利于下属向好的方面继续努力。

当然，有效的批评方式不仅于此，所谓千人千面。作为一名善于用人的管理者，能够带着一颗诚恳的心，采取好的、适宜的批评方法去教化、升华一个人，自然会因此吸引人才，招揽更多的人才向你靠拢，反之，或将毁掉一个人才，进而给公司带来伤害。

> 批评下属是为了改进工作，而不是为自己树立一个敌人。讲究批评的艺术可以帮助你更好地统御人心，使下属心甘情愿地听命于你，甘愿全心为你效力。

【用人精要】

奇虎360董事长周鸿祎：
这五类员工不能用

似乎所有的企业家都有一个共识，那就是选对一个人就能撑起一片天，但对于什么样的人才可用，什么样的人不可用，却各有各自的观点。

奇虎360董事长周鸿祎认为：创业不易，辨人更难。反思过往，有五类员工不能用。否则会影响团队的凝聚力，有害无益。

这五类员工分别是：

①说谎的。这种人为了达到某个目的，满足自己的虚荣心，不惜采用说谎话的方式与人相处。一旦撒起谎来往往能以假乱真，即使被拆穿了，也会狡辩抵抗，所以这种人坚决不能任用。

②自我膨胀的。这种人缺乏稳定的自信与自尊，极易受到来自外界环境和事件的影响。偶有成就会自鸣得意，一旦遭遇挫折和指责，就会丧失动力和进取心。

③心胸狭窄的。这种人大多比较自私，由于心胸太窄，无法容人，对别人的缺点太过挑剔，容易与人发生冲突，造成组织内部矛盾尖锐。

④吃里扒外的。企业里最忌吃里扒外的员工，为了谋取利益，不惜出卖公司机要秘密，所以这种人坚决不用。

⑤拉帮结派的。如果发现拉帮结派、排挤他人的现象一定要杜绝。若不加以制约，一旦部门管理者也牵扯其中，很可能造成公司内斗，致使人心涣散，使公司走向衰亡。

第五章
调动潜能，用人要懂得利用激励催化剂

激励是管理心理学的一个重要理论，是强化动机的手段，管理者通过激发鼓励，可以最大限度地调动被激励者的主观能动性，发挥人才的最大效能，从而更快更好地实现管理目标。因此，领导者必须高度重视激励的作用。

◎ 用人之道，重在激励

在区域经济一体化和经济全球化的当今世界，人力资源的开发与管理，直接关系到一个企业的成败。当前，我国正在探索企业治理结构的创新，明确各经济主体的责任权利，并给予其最佳的行为激励，这就要求企业由传统的人事管理走向规范化的人力资源开发与管理，改进管理手段，其中激励就是一种最为重要的管理方式之一。

比如同样的人，为不同的企业效力，其精神面貌可能完全不一样。或萎靡不振，或精神焕发。区别点就在于用人者会不会使用必要的激励手段。手段不同，效果迥异。

在企业人力资源管理中，用人是管理机制的核心；而要达到"人尽其才、才尽其用"的效果，激励则是其中最重要的原则。

在我国商界有"铁娘子"之称的董明珠，在管理格力公司的过程中，时常有令人耳目一新的惊人之举。

有一个员工在格力空调人力资源部工作已三年左右，工作很出色，得到本部领导的高度认可。有一次，公司有几个部门需要增补中层管理人员。得到通知后，他积极参加，顺利应聘成功。但到底分配他到哪个部门合适呢？有的领导认为他在原来的人力资源部工作突出，应该继续在原部门做中层管理；有人说他口才好，情商高，应该去管理销售部……总之，众说纷纭，一时没有定论。

此时董明珠在场，看了一下他的简历，说："让他下车间到分厂当厂长。"当时所有人都愣了。董明珠看了一眼大家，又补充一句："以他的能力，到分厂主管生产，可以胜任！"有人提出疑问："不是学术专业范围，他不懂技术，也不懂生产流程，能行吗？"董明珠坚定地说："他有人力资源部管理经验，管理上会有序进展。至于生产流程，年轻人缺少的就是激励，只要肯学习，就没有什么不能胜任的。"果不出所料，这个员工将分厂搞得有声有色，产品的产量和质量得到大幅提升。两年后，他荣升到采购部任总经理。

通过这件小事，可以看出，适时激励是一个重要的事。所谓适时激励就是要在人才最需要或者最应该获得激励的时候，立即实施这一激励。例如人才在事业上已取得一定的成绩，但在向前发展时碰到困难挫折的时候，或者从"潜人才"向"显人才"转化的过程中，这些都是最需要激励的时候。如果贻误了激励的时机，就会降低激励的作用。所以，激励不仅要适时，还要适度。适度激励就是激励的强度与人才的业绩、贡献相当。不足量的激励不能起到应有的作用，而过量的激励会产生不良的影响。

激励原则的基本思想是：人的使用，必须不断地探求以适当满足人的需求，激发人对更高目标的追求，激励并持续调动其积极性和创造性。

心理学家把人的需求层次分为五个层次：（1）生理需要，包括衣食住行；（2）安全需要，指生命、劳动、职业、财产、生活和健康要有保障；（3）社交需要，关系融洽、互相信赖、互相支持、团结友好；（4）尊重的需要，得到尊重和认可；（5）自我实现的需要，希望完成与自己的能力相称的工作，使自己的潜力充分发挥。

要想充分调动员工的积极性和创造性，除了采取严格的管理制度等硬性管理手段来规范员工的行为之外，还应采用"激励管理"等软性的管理措施。须知，用人之道，重在激励。

一般说来，生理和安全的需要可用物质手段来满足；社交、尊重和自我实现的需要属精神需要，要靠社会创造多种多样的条件才能得到满足，越是高层次的需要越不容易满足。这种"需要层次论"虽然有一定的局限性，但它为我们研究人的动机以及对人的激励具有指导意义。

尽管人的需要是多方面、多层次的，但基本上包括物质和精神两个方面。物质刺激可以使人在物质方面得到满足，能够更加专心致志地从事创造性的劳动，多出成果；精神激励可以使人在精神方面得到激励，能够不断激发人对更高目标的追求。因此必须适时适地对人才创造佳绩尽快作出恰当、公正的评价，进行嘉奖、授予荣誉称号、相应职称等。

一般来说物质刺激和精神激励要结合起来使用。单纯的精神激励和单纯的物质刺激不能发挥出应有的作用，更不可能持久。因此，两者要结合起来使用。

◎ 论功行赏激发最大效能

若想让员工创造出更高的价值，必须建立科学的管理机制，做一个具有感召力、凝聚力、善于用人的领导者，其中善于用人的一个重要法则便是重奖有功之臣。不要搞论资排辈，要做到公平公正公开，论功行赏。领导者要善于充分利用人们对物质和精神需求的本能，运用奖赏的激励制度去鼓舞人心。

重奖有成就的人，通常会激励下属争当有功之臣。

诸葛亮在第一次北伐时，由于街亭失守，损失惨重，唯独赵云"独自断后，斩将立功，敌人惊怕，不折一人一骑、辎重等物，亦无遗弃"。诸葛亮不由得赞叹道："真将军也！"于是"取金 50 斤以赠赵云，又取绢一万匹赏云部卒"；鲁肃夜半给孙权献上王霸之策，孙权于次日"厚赠鲁肃，又赠肃之母"。这都充分表现了重奖人才的基本原则。

由此及彼。让我们来看看现代企业家的管理秘籍，或许对领导者有所增益。

张一鸣，是字节跳动和今日头条的创始人、原 CEO。他在用人方面，大力提倡论功行赏激励制度，这也是他能在竞争如此激烈的营商环境中冲出重围的关键一步棋。他认为，一味控制人才成本不是正确的发展思路。

今日头条的人才机制主要包括三个要点：第一是回报；第二是

成长；第三就是有效的激励策略，让每个人都能精神抖擞，愉快工作。具体体现如下。

1. 提供最好的ROI（投资回报率）。张一鸣成立公司的初心是放飞自我、体现自身价值，而管理公司的核心就是要通过构建好的配置，配置好的生产要素，让公司有更高的ROI，然后为每一个奋斗在各自岗位上的员工提供最好的ROI。只要合理配置人才，就相当于减少了人力成本。人才资源发挥得越好，所创造的价值就越高，那么公司创收的ROI就越高，自然个人获取的薪酬就越多，这是一种良性循环。

2. 需要足够高的激励促进成长，才能随时吸引创造超级价值的人才加入。提升激励奖赏比例，只要业绩非常突出的人都能拿到高额年终奖。要让人才知道，不论在任何时候加入今日头条，都能获得较高的回报率，比去其他创业公司更具有竞争力。在公司福利这方面，也有导向清晰的制度设计，比如为了减少大家在上下班路上浪费的时间和精力，租房在公司三公里以内可提供租房补贴，公司为员工提供食堂等。张一鸣对待团队非常慷慨，给顶尖人才发放大量的期权，与大家共享公司成长的利益。

3. 公平合理地按岗位级别和绩效确定薪酬。"今日头条"曾做过统计，发现薪酬和表现相比，经常会出现一些偏差，因此决定按岗位级别定薪。岗位级别代表员工在此专业领域的稳定产出。HR会根据岗位级别综合当前这个阶段的供求关系、竞争激烈程度给出offer。

张一鸣是一个以目标为驱动的创始人，他认为激励力度越完美，就越能激发出强烈的上进心，而上进心正是充分施展自己才能、发挥自我强劲驱动力和追求成功的最大动力。

作为一个管理者，在用人管理方面，应尽可能地发挥激励策略，让公司的每一个人，都有强烈的成功意愿，相互激励。总之，重奖有成就的人，激发有才能的人是良好的用人手段之一，也是一种行之有效的管理方法。它能激发工作热情，达到更好的工作绩效。

◎ "重金"招募"千里马"

古语有云："重奖之下必有勇夫。"在企业的用人管理中，尽管物质利益并非是激励人的唯一手段，但却是最基本的、最重要的手段之一。每个人的生活都离不开一定的物质基础做支撑。

正如有位企业家分享用人总结时说："用靠谱的人做伟大的事，分更多的钱。"这句话里有三个核心要素：第一，要用有才华的、靠谱的人，因为只有用这样的人，才能把事业做大；第二，要有一个共同远大的目标，愿意为这个目标而奋斗，并以实现这个目标为荣耀；第三就是分更多的钱。这是一个很现实的说法，也就是让人才在利益上得到最佳保障，使其感到自己的付出与回报是对等的，从而没有后顾之忧。这便是"重金"之下必有"千里马"，并使之长久留在企业中的关键一环，也是对人才的一种保障机制。

据相关数据显示，现在企业人才的竞争越来越激烈，其中被普遍应用的一个手段就是以优厚的待遇或重金收罗、挖掘、留住人才。

华为公司的领头羊任正非，在招揽和使用人才方面别具一格，措施得当，因此为华为的发展储备了足够多的人才。

2019 年 6 月，任正非曾签署一份内部文件，第一次提出"天才少年"招聘计划。2020 年，任正非把招揽人才的重点定在了华中科技大学，并不惜重金录取了两名天才少年：一位年薪高达 201 万，另一位年薪高达 156 万。可以想象，年薪百万，是多少人心目中的梦想，而两位天才少年刚出校门就能拿到如此高的年薪，这得让多少人羡慕啊。那么，两位天才少年的魅力究竟何在呢？

天才少年张霁，湖北人，本科就读于武昌理工学院。毕业后他成功考上了武汉邮电科学研究院读研究生，并在华中科技大学攻读了博士学位。张霁在读博期间，致力于科研，研究方向为内存系统和架构、存储系统和系统安全。以第一作者的身份在知名杂志期刊上发布了10余篇论文。不仅如此，他还曾获得国内国际7项专利。

华为以高达201万的年薪将张霁招募于研发团队中。据悉，张霁除了被华为公司录取外，IBM、阿里、深信服等都曾给他投来橄榄枝，不过他最终还是选择了华为，同时还呼吁更多的青年才俊加入华为。

另一位天才少年姚婷，湖南人，是华中科技大学计算机系统结构专业的博士生，研究方向为新型存储介质，数据库和键值存储系统。她以156万的年薪入职华为，成为华为科研队伍中的又一颗新星。

2022年4月25日，华为再次发布面向全球招募天才少年的计划。

可以说，任正非的成功，大部分归根于他的用人之道。对于真正的人才，他舍得花重金，这从华为设定的"天才少年"项目就可以清晰地看出。

2022年3月，华为时任轮值董事长的郭平指出：人才、科研、创新是华为赖以发展的基础，华为任何时候都会加大对人才、特别是顶尖人才的吸引。2020年至2021年，华为共招聘应届毕业生约2.6万人，有300多名是华为定义的"天才少年"。

华为公司从1987年在中国深圳正式注册成立至今，整整36年时间里，从一个名不见经传的小作坊到跻身全球排名前50名电信运营商行列，成为振兴中华民族伟大复兴的标杆企业，继续坚持实实在在地成长、一步一步地登顶科技高峰，成为世界顶级通信设备制造商，与其有效可行的企业管理机制是不可分割的，尤其"重金"扶持"千里马"的人才政策更是立竿见影。

人才是现代企业发展壮大的关键，不惜重金是企业获得人才、使用人才的重要手段之一。可以说，几乎所有的企业都把薪酬管理作为考核、招揽人才以及激发动力的手段。

◎ 赞美能够激发责任感和使命感

赞扬是保护下属积极性的重要方法，也是一笔无需成本的稳健投资。赞扬不仅能得到回报，还是沟通情感、表达理解的有效方式。如同微笑一样，也是照在下属心灵上的阳光。

马克·吐温说："靠一句美好的赞扬我们能活上两个月。"是的，要想成为优秀的管理者，就必须了解赞美可以使人成功的价值，读懂其中有效而且不可思议的推动力量。优秀的管理者用人，都有一个共性优点，那就是对别人善于给予贴切的赞美，甚至竖起

> 赞美使人意识到自己的价值，可以增强个人的信心。如果每个小成绩都能引起别人的注意，这个人就会更有自信心去尝试更困难的工作。

大拇指去高度赞美。领导者使用赞美，可以更好地带领公司走上一个新台阶，更好地完成任务，创造高效率、高收益。

华为创始人任正非说："华为公司的激励制度改革，要关注到公司的每个

角落，让人人都能分享到公司成长的收益。"由此可见，激励机制是任正非最关心的、也是员工最关切的焦点。激励机制中切实可行的策略，包括赞美所激发出来的责任感与使命感。

任正非曾对别人称赞郑宝用时说："阿宝是千年一出的天才。"据华为办公室主任严慧敏回忆：有一次华为要接待一个重要的客户，几个副总裁分别提前准备好的汇报表在任正非手里一张接着一张被翻阅着，突然"啪"的一声都被他扔在桌子上，怒斥道："写的都是什么玩意儿！"

任正非在办公室里气得来回踱步，那几个高管都低着头不敢出声。过了好一阵子，任正非压压火气说："把宝宝叫过来。"宝宝是任正非对郑宝用的"爱称"，这个称号在华为是"蝎子粑粑毒（独）一份"。郑宝用来了以后，任正非让他也写一份报告。郑宝用很快就写完交了稿，任正非阅览之后脸上露出满意的笑容，对郑宝用说："写得不错，到底还是宝宝好用，一个能顶一万个。"

的确，自从任正非组建华为技术有限公司以来，陆续引进大批高端科技人才，郑宝用是华为创建之初第二大人物，曾是国家S863计划专家组成员、国家光电子专家组副组长、国家"306"通信项目专家组成员。1994年，华为C&C08万门交换机诞生，此后数年间雄霸中国局域交换机市场，打破了国外通信巨头对中国"七国八制"的束缚，成为当时最先进的世界级交换机。可以说C&C08万门交换机成了华为的"黄埔军校"，郑宝用、李一男、费敏、郭平等人在一片赞美声中稳扎稳打，撑起了华为研发产品的一片蓝天，并成功进入全球电信市场。

喜欢被赞美是人的天性，每个人都渴望得到别人的夸奖和赞美。美国一位哲学家说："人类天性中都有做个重要人物的欲望。"这是人类与生俱有的本能欲望。

管理者应该认识到，赞美就像荒漠中的甘泉。对能干的员工你可以称赞他的才干；对尽心尽力才完成最低定额的职工，应该称赞他的精神；对勇于创新的人，应该称赞他的才华。不论对任何人，都应该根据实际情况，看到其贡献和新的起点，给予真诚的赞美。没有出口的称赞如同没有支付的工薪，是不会转化为实际能量的。

美国有一位企业家是个领会卡耐基《人性的弱点》精神的人。他将称赞别人看作是一种功能异乎寻常的驱动工具。

这位企业家任造船公司CEO的时候，所有人都被他调动起了巨大的热情：从经理到工人，他都很大方地给予嘉奖，称赞工作人员的工作技巧，使受赞美之人都觉得这比金钱奖赏更为可贵。

这家造船厂承造的军舰要在 27 天内完工，造船完成后造船厂里所有的纪录都被这艘军舰打破了。领导者召集造舰的全体员工发布了一篇庆功演说辞，并且赠给每人一枚银质奖章和当时总统的一封信。最后他转向负责监造者，从自己的袋子里掏出一支金表，亲手递给他，作为一个小小的纪念。

能把赞扬送给别人，即使是只言片语，也会在他的精神上产生神奇的效应，使其心情愉快，精神振奋。在赞扬的过程中，双方的感情和友谊会在不知不觉中得到增进，而且会调动交往合作的积极性。

可见，赞美可以给平凡的工作带来舒心的享受，给下属带来精神上的鼓舞，赋予员工一种积极向上的力量。其实，每个员工都希望得到别人的欣赏和赞美，每个员工都希望在赞美声中实现自身的价值。领导不要吝啬自己的赞美之辞和肯定的掌声，要为员工的每一次成功真正喝彩。赞美能让员工做得更好，因此，领导者不要忘了学会实用的赞美技巧，让每位应该得到赞美的员工及时受到鼓励。

◎ 巧用"赞誉"鼓信心

记得高秀敏在一个小品中有这样一句台词："别说是乡长，就是大总统你给他戴高帽他都得乐，戴高乐嘛！"这句话虽然是小品台词中的一句"包袱"，但却活生生地挖出了人性弱点，那就是谁都爱听赞美的话，相反批评的话语谁都不爱听，而且给谁戴赞美的"高帽"谁都会高兴，信心也会因此增强，反之，常会使人闷闷不乐，意志消沉。

耕柱是一代宗师墨子的得意门生，但他经常被墨子责骂，心里觉得委屈与不解，整天闷闷不乐。一天，耕柱愤愤不平地问墨子："老师，难道在这么多学生中，我如此不堪，以至于时常遭您责骂吗？"

墨子听后，慢条斯理地说："假设我现在要上太行山，依你看，我应该用良马来拉车，还是用老牛来拉车呢？"耕柱答："再笨的人也知道要用良马来拉车。"

墨子又问："那么，为什么不用老牛呢？"耕柱答："因为良马足以担负重任，值得驱遣。"墨子说："你的回答十分正确。我之所以时常责骂你，也是因为你能够担负重任，值得我一再地教导与匡正。"耕柱听完心情大好，更加努力学习了。

激励人才是一种艺术，激励无定法，只有合适的激励才能产生期望的效果。墨子的激励方式，就是典型的"戴高帽"激励法，可以用来激励下属，鼓舞士气。

通常，人们一说起"高帽"，难免会被理解为不切实际的夸大和吹捧。其实，恰如其分地戴"高帽"并不一定都是坏事。在某种程度上，恰当地给员工扣顶"高帽"，也是让员工提高自尊，增强自信的激励方式，同时也是更好用人的绝妙方法。

在著名的女企业家玫琳·凯所提倡的管理方式中，也曾提到了戴"高帽"的语言艺术。

玫琳·凯所经营的美容化妆品公司在全球享有盛誉。公司里有一个新跳槽来的负责营销业务的美容顾问，在屡遭失败之后，对自己的营销技能几乎丧失了所有的信心。

玫琳·凯得知此事后，对她说："听你前任老板说，你是个很有闯劲儿的姑娘。他那次在电话里还说特别不想放你走呢……"听到这样的肯定话语，这位姑娘仿佛注入了无限活力，在冷静地对市场进行调研分析后，采取了迂回战术，终于大获成功。

事实上，玫琳·凯根本就没跟什么前任老板通过电话。这顶"高帽子"却神奇地让这位美容顾问找回了已缺失的自信，为了捍卫荣誉与尊严，她终于作了最后一搏，又以成功找回了失去已久的自信，业绩又开始突飞猛进了。

其实，人与人之间的关系变化是很微妙的，一个眼神，一句话，甚至任何一个肢体语言都有可能产生不小的影响与震撼。正如卡耐基所言："一个人的成功，只有15%归结于他的专业知识，还

有85%归于他的表达思想、领导他人及唤起他人热情的能力。"所以，站在人性弱点的角度，作为善于用人的领导者，同时也是一个高明的情感沟通者，若想下属每天都能信心百倍地爱岗敬业，就多一些赞美。毕竟"高帽子"人人喜欢戴，如果运用得好，就可以产生喜人的效果，利人也利己。

【用人精要】

美团创始人、董事长兼首席执行官王兴：
创业最重要的是人，而不是钱

美团成立于 2010 年 3 月；2018 年，美团跃身成为上市公司；2021 年，创始人王兴位列《2021 福布斯中国内地富豪榜》第 18 位；2023 年，王兴在《中国胡润百富榜》依旧榜上有名。对于一家飞速成长的互联网创业公司而言，这体现了创建者王兴独特的用人之道。

1. 王兴在"与时代同行，创美好生活"主题演讲会上说：创业最重要的是人，而不是钱。而且不光是你一个人，是你需要建团队，然后团队的团队不断地扩展整个公司。

2. 关于企业用人和发展观，王兴提倡拒绝为人才设限。在一次接受《财经》采访时曾说："TOP 这个词，可以把它分解成三个词——Talent、Opportunity、Patience。这个人需要有天赋、有才能，有合适的机会，同时还有长期的耐心才能成长起来。"有人将其定义为王兴的"TOP"人才观。

3. 王兴认为，美团对人才的要求不一定要有丰富的经验，但一定要满足三点：一是认同美团的价值观；二是要有很强的学习能力、适应快速变化的市场；三是个人必须努力。

4. 在选用人才方面，王兴有其独到的见解："志同道合非常重要。如果大家目标不一致，会制造出问题。但另外，和而不同也很重要。"

第六章
注重能人，对关键人才要注重特别法则

所谓"能人"，就是指精通业务的高素质员工，也就是关键人才。商场如战场。企业之间的竞争，归根到底是人才的竞争。在市场经济的大潮中，企业的发展往往与一些高精尖的人才密切相关，甚至起到了决定兴衰的作用。就像一个能打胜仗的军队，光有指挥官是远远不够的，还要有骁勇善战的士兵才行。

◎ 人才是企业兴衰的决定因素

彼得·德鲁克说过："知识时代，人力资本将成为唯一有意义的资源，只要有人才，其他都会纷至沓来。"埃隆·马斯克也说："成功的关键，在于要和顶尖的人才共事。"从这些论断中，我们可以得出一个结论：随着现代社会的高速发展，技术更新换代越来越快，人才的重要性越来越明显，日益成为企业兴衰的决定因素。企业的竞争，归根到底是人才的竞争。

企业发展战略规划的制订靠人才，企业组织管理效能的提高靠人才，企业技术水平的进步和创新，企业经营策略的制订、实施、调整，企业文化的建立和完善等，哪一样都离不开优秀的人才。如果把企业比作一棵树，那么人才就是这棵树的根和枝干，没有人才的滋养和支撑，企业这棵树不仅不能直插云天傲视丛林，还有可能干枯而死。所以，一个企业能够成功的最大秘密，就是重用人才，激活组织细胞。

华为公司创始人任正非便是十分注重人才的掌门人。我们从他努力招揽俄罗斯的一位专家便可知道。

有一年，华为团队在某知名期刊上发现了一篇关于数学研究的论文报告，华为团队敏锐地意识到，这篇报告对于他们突破第 4 代和第 5 代移动通信技术将起到关键作用，于是想寻找到这位作者，并聘请到公司。

当找到这位数学家时，华为的 HR 进展并不顺利，虽然给这位数学家开出了高达 200 万美元的年薪，可是该数学家并不为钱所动。他认为中国离家太远，所以不想来华为。

任正非知道此事后，并没有放弃，而是决定要用诚意来打动这名数学家。任正非当即决定在俄罗斯建立数学研究院，以解决这位数学家离家太远的顾虑。这名数学家深受感动，最终带领团队创立了量子计算方法，让 5G 运算速度整整提升了一倍，也为华为在 5G 领域取得世界领先奠定了基础。

又如，2020 年，华为还开始启动基础科学家来华为入职的招募计划，以此来吸引在物理、数学、化学等方面才智突出的基础科学家加入华为。其中 1966 年出生的拉福格，是一位天才数学家，18 岁时就在国际奥林匹克数学竞赛中获得银奖，35岁获得了被誉为数学界"诺贝尔奖"的菲尔兹奖。为此华为2020年在法国巴黎设立了拉格朗日数学计算中心，这是华为在法国设立的第六个以数学和计算为重点的研发中心。该中心以开放的基础，吸引优秀学者参与研究并培养青年研究员。

2023年6月7日，华为全球智慧金融峰会2023在上海盛大召开。华为副董事长、轮值董事长CFO孟晚舟以"长风万里鹏正举，勇立潮头智为先"为主题演讲，会上，宣布了华为实现核心代码100%自主研发的发展目标。在谈到企业发展战略问题时，孟晚舟说："与其踽踽独行，不如结伴而行。"峰会期间，华为与多家金融机构现场签署合作协议，升级多项ICT产品和产品组合方案的创新技术能力，产业金融动产金融仓方案等多个解决方案以及产融创享计划。

商场如战场。企业之间的竞争，归根到底是人才的竞争。在市场经济的大潮中，企业的发展往往与一些高精尖的人才密切相关，甚至起到了决定兴衰的作用。企业就像一个能打胜仗的军队，光有指挥官是远远不够的，还要有骁勇善战的将士才行。

◎ 敢于启用和保护冒尖人才

选用冒尖人才，领导者必须放弃保守的陈旧观念，要大胆、灵活选用人才，并给予足够发展才能的空间。倘若保护机制不够完善，使人才无法冒尖、无法尽其所能，就会间接失去生机，使团队失去竞争力。

华为公司很早就开了高薪聘任先河，并明令禁止亏待人才。90 年代初，曾以 4 万元的年薪聘请了一位从事芯片研发的工程师。这个工程师不负众望，来到公司后不久，就创新攻破了不少技术难关。由此公司很快就给他加薪到年薪 50 万元。这件事像星星之火一般，展开燎原之势，促使公司的人们争先恐后地展现才华，人才不断涌现。

英国著名的凯文迪许实验室，培养了 25 个诺贝尔奖获得者，它就有一个很好的培养年轻人的传统。凯文迪许第一代主任是麦克斯韦，电磁波的发现人。第二代主任是瑞利，获得诺贝尔奖，曾经做过英国皇家学会的主席。他致力于培养人才，让28岁的汤姆森——电子的发现人做第三任凯文迪许实验室的主任。作为第三代领导者汤姆森继承了前任传统，培养了七个获得诺贝尔奖的人。第四代的领袖是卢瑟福，著名的原子物理的奠基人，他培养了12个人得到了诺贝尔奖。到了第五代，凯文迪许实验室主任布莱克做了一件让大家当时都痛骂他的事情，说他背叛了恩师卢瑟福，把如此有名的研究基本粒子理论的方向丢失掉。但二十年后，当初骂布莱克的人知道了即使卢瑟福还活在世界上，也无力改变这样的趋势，再要搞基本粒子的研究所需要的投入是当时英国国情无法实现的。布莱克早已看到这个趋势，所以他抓住机会，鼓励年轻人开辟新天地，使年轻人取得了杰出的成绩。实际上扶植和保护冒尖人才是一种历史责任。

◎ 正确对待"恃才傲物"者

现实生活中，我们经常听到有人议论："某人确实有才，但就是自命不凡。""恃才傲物。""恃才傲物"者，确实是领导工作中经常遇到的一种对象。领导者若处理不当，轻则落个心胸狭窄、不能容人的印象；重则可能使人才遭到排挤、使单位工作不能正常开展。那么，领导应该怎样对待恃才傲物的人呢？

恃才傲物者，一般多是有才华、有主见、有棱角，但又不太好管理。这种人一般都有主见，善于钻研问题，不肯轻易放弃科学上有根据的东西，甚至有点"固执已见"。恃才傲物者这样就容易被认为"骄傲自大""恃才傲物"。

这种人才有以下特点：

（1）爱提意见。古人说："千人之诺诺，不如一人之谔谔。"其实这正是他们的可贵之处。

（2）常"将"领导的军。一些外行的领导对此颇为反感。

（3）靠知识和能力工作，不搞阿谀奉承。他们认为自己在人格上与任何领导都是平等的，不爱拉关系、走后门、找后台、搞人身依附，尤其更以多数从事科学研究、学术研究的人才见长。

领导对待"恃才傲物"的下属，应有以下三点要注意把握。

一是善于识别，辨才识才。首先要划清"人才"与"非人才"的区别，什么是真正的"恃才傲物"，什么是极端的"刚愎自负"，什么是"真知灼见"，什么是"固执已见"。

一般来说，真正有才的人发表意见往往从实际出发，出以公心，敢负责任，敢于坚持正确意见；而盲目自高自大、目空一切者，则往往以个人名利为重，从主观愿望出发，顽固地坚持错误主张。

二是心胸开阔，大度容才。领导干部要特别做到能容人，虚怀若谷，从善如流。一个高明的领导应懂得一个单位能不能容才、会不会用才，是这个单位事业发展兴旺不兴旺的标志。人才兴则事业兴，人才衰则事业衰。领导要善于"以部下的光荣为自己的光荣，以部下的骄傲为自己的骄傲，以部下的成功为自己的成功"。

三是严格要求，锻"才"成长。作为人才，不可能是完人，特别是有些恃才傲物者，优缺点鲜明。作为领导，则要认真履行起职责，既要关心、爱护他们，又要严格要求他们。特别是对有性格缺陷的人，更要严格要求他们，帮助其尽快完善人格修养。

◎ 对尖子人才要热情支持

身为一个领导，如果对比自己强的人，不大胆任用，而采取压制的方法，不让他们发挥特长，那么许多专业的人才就会被埋没。

美国钢铁大王卡内基说过："你可以把我所有的工厂、设备、市场、资金全部夺去，但只要保留我的组织和人员，几年后，我仍将是钢铁大王。"卡内基逝去后，人们在他的墓碑上刻着这样一段话："这里安葬着一个人，他最擅长把那些强过自己的人，组织到他管理的服务机构之中。"卡内基的成功在于善用比自己强的人。在知识经济时代，领导者就更需要有敢于和善于使用比自己强的人的胆量和能力。

心理学家认为，嫉妒是由于别人超过自己而引起的抵触情绪，是心胸狭窄人的共同心理。黑格尔则认为，嫉妒乃"平庸的情调对卓越才能的反感"。现在有的领导者不乐于用比自己强的人，除了怕这些"强人"难以驾驭，主要还是嫉贤妒能的心理在作怪。当他们遇到比自己能力强的人就萌生嫉妒，甚至采取种种方式压制他们。

所谓尖子，是各方面的先进人才，是大众之中的佼佼者。支持尖子人才是至关重要的。对于一个领导者来说，必须正确认识各行各业的尖子，鼓励人才脱颖而出，欢迎他们超过自己，这不仅是事业的需要，也是应有的觉悟、胸怀和品格。

十个指头有长短，事物发展总是不平衡的。支持尖子，是符合以点带面规律和人才成长规律的。长江后浪推前浪，无名者超过名家，青年超过老年，后人超过前人，这是事物发展的必然规律。后来者居上，社会才能发展，人类才能进步。如果不支持尖子人才，搞"一锅煮""一刀切"，势必压抑先进，不利于人才成长。

> 领导者应有主见，顶住那些不负责任的闲言碎语，为尖子人才撑腰、鼓气，支持和帮助他们去开拓、去创造、去攀登高峰。这既是领导者的勇气、美德，也是领导者不可推卸的工作责任。

人才冒尖不容易，他们付出了比别人更艰苦的劳动，承受了比别人更多的磨难，表现出比别人更卓越的才干。因此，对于尖子人才，一定要热情支持，破格任用，待遇也应适当提高。这样做才能鼓励更多人才充分发挥才干。

◎ 如何爱才、留住人才

作为领导者想要成功，必须建立一个具有核心意识的工作班子。班组成员主动乐于分担领导者对工作的忧虑，提前向领导者提出警告，有敏锐的危机意识，并有能力使领导者少犯错误。

作为一个优秀的企业家，"字节跳动"的张一鸣很爱才，也很尊重人才。他坚持理性创业，同时也感性处理人际关系。他对待团队员工非常慷慨，给顶尖人才发放非常之多的期权，从而增强了员工"主人公"的责任感。他深知与员工共享公司成长的利益，更能彰显同甘共苦的精神，因此企业创收比重越大，大家得到的收益也就越高。这样一来，不仅鼓舞了士气，也减少了人才流失的可能性。张一鸣认为：人员激励的动力，股权是核心；商业模式的创新，股权是桥梁；资本市场的博弈，股权是货币。

有些用人单位好高骛远，纷纷制订出各种人才招聘计划，不惜重金招贤纳士，表面上轰轰烈烈，而实际上身边大量"千里马"却无端被困于"马厩"，无处施展才华。在他们眼里，好像只有重金招聘之才才能担负振兴经济之重任，仿佛可以让贫瘠的土地在一夜之间变成遍地黄金。常言道："期望值愈高，失望也就愈大。"这种做法应该坚决纠正。假如因你管理人才的方法不当，造成一方面"人才饥渴"，而另一方面又"人才积压"，甚至有用之才无用武之地。这是最为失败的管理！员工感受不到领导者的温暖，感受不到领导爱惜人才的氛围，就会从心里抵触领导者，甚至一走了之。

管理者应该纠正自己的人才"远视症"，要有求贤若渴之心、容才如海之量。既举"内才"，又荐"外才"。一个公司一般难得有几个业务尖子，而如何管理好这些业务尖子是有很大学问的。

再好的公司也是很难保证员工不跳槽，但如果能够做到惜才如金，相信每一个具备真才实学的人才，他们会更加爱岗敬业、努力进取的。

作为一个管理者，你必须时时刻刻在"超级明星"的晋升需求和这些提升在公司其他人中造成的震动之间做出权衡。有时候选拔这些"超级明星"反而埋没了他们的才能。例如，你将最优秀的推

销员提升为销售经理后，反而因为这个推销员成为管理人员，而导致整个销售额下降了。解决这个问题的关键之处在于不要把"受重用"狭隘地理解为在职务上的晋升。更恰当的做法是，让他们在保持原来业务的同时担负更多的工作，这也是磨练人才的一种方式。

【用人精要】

京东集团创始人刘强东：
企业是否成功，取决于团队的整体力量

2021 年 6 月 18 日，京东集团董事局主席兼首席执行官刘强东发表一封题为《心存敬畏 永葆情怀》的致股东信。他在信中称："京东取得这一切成就和梦想，都是要依靠团队和员工的共同努力，多年来京东也始终坚持一个最朴素的商业逻辑，那就是企业对员工好，员工才能用真心去回报企业。"

刘强东还表示，管理层不需要那么多花哨的新词，要回归到商业本质的五个要素：产品，价格，服务，成本，效率。刘强东特别反对形式化的东西，曾在一次会议上痛批部分高管醉心于 PPT 和奇妙词汇，或者吹得天花乱坠，但是执行起来却是一塌糊涂。当时刘强东怒称"拿 PPT 和假大空词汇忽悠自己的人就是骗子"！

刘强东在《刘强东自述：我的经营模式》一书中，说过这样一段话："一家企业如果经营成功，一定是因为团队；如果失败，也一定是因为团队内部出了问题。培养团队，是我花费时间最多，也是内部最重要的一件事。"

第七章
予以信任：在疑和用中把握精髓

"用人不疑，疑人不用"，这句话看似简单，实则含义深刻，深究之，大有学问。这其中包含着重要的信任与尊重。掌握得好，必将焕发出巨大的能量。

◎ 把握用人不疑、疑人不用的内涵

"用人不疑，疑人不用"看似简单，实则含义深刻，若深究之，则大有学问。这里所说的"疑"，是不分明、不确定、不相信、有疑心。大概意思是对感觉靠不住、没把握、不放心或认为有问题的人不能使用；对感觉不错的、认为可用之人，就放心大胆去使用，且在使用过程中也不必怀有疑虑。简而言之，现实生活是一个万花筒，千姿百态万千变化，结构形势错综复杂，一切都不是说起来这么容易做到的。

一般来讲，企业也好，事业也罢，最关键的一环就是用好人、用对人。要做到"用人不疑，疑人不用"的确不是件容易的事儿。对此，应根据需要招才、识才、用才，并且要注重德和才的关系。"德"和"才"是起决定作用的两个方面。德，是指人的品德，一定程度上讲，"德"比"才"更重要。德才兼备，是人才的最高境界。

蒙牛集团总裁牛根生曾说过这样一段很经典的话："有德有才，提拔重用；有德无才，培养使用；无德有才，限制使用；无德无才，坚决不用。"

在现代企业中，人才是塑造企业品牌的核心资源，因此，在管理模式上，出现了由"以物为中心"向"以人为中心"转变的人本管理。人才竞争也因此成为了企业竞争的重要内容。人事管理是与"以物为中心"管理相对应的概念，它要求理解人、尊重人、充分发挥人的主动性和积极性。这是每一位企业决策者都应当明白的道理。

"用人不疑，疑人不用"在包含上述丰富内涵的同时，更强烈地道出了信任理念。可以说，这也是领导者应具备的重要品德；"用人不疑，疑人不用"要求领导者要对下属给予充分的信赖，要尊重下属应有的权利，唯有如此，下属才会产生"滴水之恩，涌泉相报"的感情。

汉昭帝时，燕王刘旦和大臣上官桀对大司马大将军霍光很忌恨，两人勾结起来以燕王名义写信密告于皇帝，说霍光在离开京城时，军官们用对待天子的礼仪来对待他；他还擅自调动军队，专权放纵，可见他有不轨之心。信送到皇帝手中后，压了很长时间都没做处理。

后来霍光听说了这事，回来后，不敢觐见皇帝。皇帝立即召见霍光，说："我知道那份奏书内容不实，将军是无罪的。将军调动军队还不到十天，燕王离此地很远，他怎么会知道呢？"正是因为这一段信任的话语，使霍光心中十分感动。

可见，"用人不疑，疑人不用"是用人的一条重要原则，能充分表现领导者的风度，也是成就大业的关键所在。遵循这一原则，就需要领导者具有超人的胆量和独到的慧眼。也就是说，要有爱才之心、容才之量、识才之能。

◎ 既任须信，用而不疑

作为企业，在用人上应该"关爱个性，尊重个性，保护个性"，要容得下能人，尤其是有个性的能人。

所谓"得贤须任，既任须信，既信须终"，就是要求领导者在用人方面，一定要做到"信而不疑"，即领导者要有正确的用人态度，有清醒的用人意识，有坚定的用人信心。倘若你迟迟不敢去信任一个值得你信任的人，就很难从此人身上获得甘甜的果实和人间温暖，你的领导力也将会因此而黯淡无光。因此，既然选准又使用了，就要给予充分信任。

既任须信，用而不疑，这是一条重要的用人原则。但是，凡经过考察觉得不可信任之人，则一定不能用。如果失之斟酌，盲目错用，就会自食恶果。

现在人们常说的一句话："企业竞争的制高点在于用人，而相信下属则是发挥用人作用的重要原则。"对此应注意如下几方面。

1. 相信受任者能完成任务

古人云："既任须信，既信须终。"对于任何任务，领导者在选人时都要三思而后行，一旦确定人选，就不要轻易更换。千万不可一面让其担当某项重任，而另一面又怀疑其完成任务的能力。

2. 相信成员对本部利益的忠心

历史上，凡是因社会关系等原因随便怀疑部下的领导者，十之八九要失败。当今社会亦是如此。

3. 给受挫者成功的机会

世间任何人的经历，不会一帆风顺。在完成任务的过程中，由于种种意想不到的原因出现了失误，领导者一定要正确对待，认真总结经验教训，下属也会产生自责感和将功补过的决心，会为今后的工作开展打下良好的基础。

受挫者受挫的原因是多方面的，有主观的，有客观的，有时还有领导者决策指挥的原因。如果一出现失误，领导者不分青红皂白就开始对受挫者一味地指责、埋怨、批评、训斥，就会冷了部下的心，甚至会激化演变为对立情绪和叛逆心理。

◎ 充分信任，才能有效授权

曾有一位学者说："信任是一种有生命的感觉，信任是一种高尚的情感，信任更是一种连接人与人之间的纽带。你有义务去信任另一个人，除非你能证实那个人不值得你信任；你也有权受到另一个人的信任，除非你已被证实不值得那个人信任。"

作为管理者，只有认可下属才能予以信任；从授权的角度来说，信任是授权的精髓和支柱。只有充分信任，才能有效授权，才能体现出这是有效用之人。

"吉象木业"是一家跨国公司，是由著名的爱国华侨、新加坡林产行业泰斗莫若愚先生和前世界银行亚太地区总裁史宾哲先生共同创建而成。经过几年努力，他们又先后创办了环美家具、伟业木业等国际著名家具企业，为推动世界家居行业的前进做出了很大贡献。

能取得如此成就，这与莫若愚先生在企业管理方面对下属充分授权，是分不开的。莫若愚喜欢下中国象棋，在布局方面有成熟的战略思想。他在空闲时间或是遇到事业"瓶颈期"，总要和公司的员工对弈几盘象棋。在他的营销理念中，有许多与棋艺相通的精彩亮点。他认为公司经营成功，最重要的是人力分配得当。每个员工自身的能力大小有差异，思想呈现不同局限性，只有充分授权，让员工感受到自己对于整体来讲是极其重要的，员工才会不遗余力地发挥自己所能。莫若愚曾对一位高级管理人员说："用人像下棋，车往右一走，这盘棋可能就输了；往左一摆，你就赢了。同样一粒棋子，放对位置才能充分发挥其潜力，赢得成功。"

由此可见，在信任基础上的授权可以激发强烈的动力，使人全力以赴。所以，当企业管理者给下级授权时，应当充分信任下级员工能担当此任。

当然，有些管理者之所以不信任员工、不放心将权力下放给员工，除了怕他们的能力不够之外，还怕他们在操作过程中出现纰漏，甚至害怕员工滥用职权造成损失。这样的担心虽然在情理之中，可是也不要因噎废食。要知道"人非圣贤，孰能无过？"既然你决定授权给他，就要充分信任他。只要公司整个系统不出现问题，还有什么不敢放手授权给那些卓然出色的人才呢？

　　一手缔造了宏基集团的施振荣，在管理员工方面最重要的一点就是信任员工、充分授权。他常说："企业要想做到长久发展，必定要建立在授权的基础上。再强势的领导，总有照顾不到的角落，也会有离开的那一天，但是在一个授权的企业，各主管已经充分了解公司文化，能够随时随地自主诠释企业文化，这样的企业才有生命力。"

　　对于公司员工，他的原则是给予信任、充分授权，即使他们的工作方式与自己不尽相同，一般也不插手。他说："要忍受过错，把过错看作成长必须要付出的代价。只要他犯的是无心之过，只要最终他赚的钱多于教训，你就没有理由吝于为他缴学费，你一插手，他失去机会和舞台，怎么成长呢？"在这样的企业文化氛围中，宏基涌现了不少独当一面的人才，形成强大的接班人队伍。

　　正如著名管理专家柯维所说："授权并信任才是有效的授权之道。"在实际工作中，一方面，员工希望获得上司的信任，被授予更多权力；另一方面，获得授权的员工，在被完全信任的情况下，才能拥有自主决策的权利，并能有效行使被授予的职权。反之，缺乏信任的授权，是导致员工失去积极性、缺乏主动性的必然结果。

曾任华为技术研究院干部副部长的王奇珍说："授权最关键的是信任。另外，还要注意授权而不授责。大致分为三点：第一，明确工作原则与标准；第二，要对照标准衡量进展和业绩；第三，要抽查关键节点，纠正偏差。当然，值得信任是信任的前提。找到那些值得你信任的员工，然后放手让他们大干一场吧！"

◎ 将信任转化为启动积极性的引擎

没有信任，何谈授权？一些管理者表面上是把权授出去了，可是仍事事监控，或者关键的地方不肯放手，这都是不信任的表现，如此的授权又有什么实质的意义呢？要知道，不被信任，会让员工感到不自信，而不自信会令人做事缩手缩脚，甚至感到自己被轻视、抛弃，从而产生愤怒、厌烦等不良的抵触情绪，开始消极怠慢工作。相反，在信任中授权，极大地满足了员工的成功欲望，因而灵感迸发，动力十足。

　　"巨人"网络创始人史玉柱在管理团队的过程中，就能很好地将信任与授权紧密融合起来，不仅公司运营顺利，而且让下属在执行上没有压迫感，能高效完成工作任务。

　　他认为，作为一个领导者，首先必须做到的就是说到做到，建立信任。给下属营造尽情发挥才智的同时，一旦公司因此获取财富利益了，就一定要与员工分享，否则没人愿意再去努力工作。

　　由此可见，善将信任转化为启动员工积极性的引擎，是领导用人的重要艺术。事实上，充分予以信任为基础是激励他人意志的一种重要途径，而管理者信任员工，员工就会有使命感，并充分发挥主观能动性和创造力，获得员工和企业的双赢；反之，那些不信任员工的管理者，往往会挫伤员工的自尊心和归属感，从而会使公司产生越来越大的离心力。

　　作为管理者，当你面对下属的时候，应当树立信任他们的观念，以自己的信任影响下级，打动下级，与下级产生心灵上的共鸣。因此说，信任是一种有力的激励。

　　感受到被信任和重视的员工往往会更充分地认识自我，挖掘个人潜能，增强信心。因此，在企业管理过程中，表明公司对他们的信任和重视，相信他们可以获得成功非常重要，得到这样暗示的员工将更加努力地工作以报答管理者的知遇之恩。

◎ 不要教条地理解用人不疑、疑人不用

世界上任何事物都不是绝对的，在一定的条件下常常会被赋予新的内涵，或产生新的变化，这就要求我们善于用正确、灵活的目光审视问题。就用人来说，"用人不疑，疑人不用"固然是一条用人的优良准则，但在一定情况下也是相对的、灵活的，而不是绝对的、死板的。如果对此不能正确理解，那么，在实际用人中就容易失策而造成损失。对此，管理者应注重如下几方面。

第一，对自己的判断不要绝对化。人的思维是多面体、多棱角的，内心世界是复杂的，一般人很难用立体的、透视、多方位的眼光去分辩，往往看到的只是一个方面。所以要多考察不要轻易下结论。

第二，对周围人的判断要兼容并蓄。人们常说，大多数人的眼睛是雪亮的。用人时，要多听听周围人的意见。当多数人对一个人的判断和自己对这个人的判断有出入时，要多问一个为什么？不要

固执己见，不妨再观察观察、再考验考验，然后再下结论。对人的判断准确与否，使用是否适宜，关系重大。

第三，在对他人尚未完全了解的情况下，但又急需用人，而此时又没有太合适的，可以暂做安排使用。不要盲目拘泥于"疑人不用，用人不疑"的教条主义。

第四，对人的看法不能一成不变。事物都在变化中，人也在不断变化。阅历浅、经验少，知识有局限性，一时性急没干好，或者

有了过失。这时就要宽宏大量了，应该允许人犯错并给予改正错误的机会。

第五，对人才不能求全责备，人都有缺点和不足，只要能自我认识、知错改错，可以宽容大度处之。

总之，我们对"用人不疑，疑人不用"的法则不要机械、死板、教条地理解，这对科学、合理用人，以及更好地推动实际工作成效是十分重要的。

正所谓"思想不经磨炼就容易钝化"，要宽容好心犯错的员工。任正非认为，员工大都是在犯错中成长，对于因经验不足而犯错的员工要宽容，鼓励他改进工作。领导要区分员工是为了改进工作而犯下的错呢？还是责任心不强而犯下的错误？若是前者，领导要手下留情；若是后者，就要区别对待。

◎ "疑"人在心也可用

关于如何高效用人这个问题，各行各业一直倡导的主题都是"疑人不用，用人不疑"。

　　然而，因为人的性格不同，所体现出来的外在表象就会有所不同。有人口若悬河，但实际操练起来漏洞百出；有的人不善言辞，处事低调，但做起事来却井井有条。

　　人的品性、素质、能力及其组合体都不是静止的，而是不断变化的。历史和现实生活中无数例子都表明：高低易位、好坏互转是一种普遍现象。即使在某一时候、某种条件下，某人确有某种品性，但换了条件，也可能是另外一种样子。所以，领导经常会不由自主地产生"疑人"的现象，这也是很正常的。

　　为了不漏掉一个可用之才，"疑人"也不是因此束之高阁，而是可以适时起用的。简言之，就是"疑人在心也可用"。我们在怀疑他人的时候，还是应该放手让其最大限度地发挥其智慧和创造性。海尔集团 CEO 张瑞敏说："千万不要说疑人不用，用人不疑。应该是疑人要用，用人要疑。这个'疑'指的就是过程监控。"

　　海尔集团创始人张瑞敏谈到怎样运用人才时指出：用人要疑，疑人也要用。所谓的"用人要疑"，主要是指行为约束和监督机制。用人不等于不需要监督，用人之前首先要产生怀疑，可以将可能发生的

> 受种种因素的影响，有时很难对一个人百分之百地信任与放心。尤其一些颇有能力的人，容易遭人妒忌。此时，用人者应持有主见，当用则用。当然还应注意戒备与细察。

风险降到最低。疑人反而使用，就是在其个性、能力不确定的情况下，观察、选择和使用他，避免埋没人才和浪费人才。当然，如果发现了下属真的产生反叛之心，并非忠耿之士，那就要毅然采取行动，以绝后患。

【用人精要】

"智明星通"创始人唐彬森：
创业与用人方面的心得

关于团队建设与用人方面，智明星通科技有限公司首席执行官唐彬森有着自己的心得。

1.创业对老板的要求，就是找团队、定战略、带班子，总结一句话，就是找到人，把他带好；找不到人，你一定输在起跑线。

2.找什么样的合伙人？合伙人要找那些真正不计较的人。合伙人一定要找有初心的人。

3.创业公司怎么招人？如果你想打造一个10年的公司，人品是第一位的，然后是成长性的，最后才是当前拥有的经验；如果你只想让这个公司两年就卖掉，经验第一，成长性第二，人品无所谓，反正就在一起两年。

4.关注组织，就是多想想如何通过"人的角度"来解决问题。

5.如果是要培养人才的话，那就会更加注重人本身的素质。比如说要找一个跑步好的，一个没学过跑步但身强体壮的人，一个学过一年跑步但身体虚弱的人，找谁？当然找身强体壮的人。

6.公司是在找一个具体职位？还是在找人去培养？

7.用人方法就是：对待老实人不能让其吃亏，对待烂人必须狠，对待优秀的人不能用平均主义。

第八章
真情赢得真心，以情感效应用人

以情融心，就是要善于投入真情。这作为一种用人策略，最根本的是要善于以感情效应赢得真心。比如，注重小事，打动下属，雪中送炭。

◎ 塑造亲和力

作为一个领导者来说，威严固然重要，但员工更愿意看到一个富有亲和力的上司。富有亲和力的领导才能赢得员工的拥戴。

"京东"首席执行官刘强东直言："对待员工就要像兄弟一样，让他们都要有尊严地活着。如果我只是为了钱去不择手段，去压榨劳动力，去赚昧良心的钱，那都不是我心目中的梦想和理想。而且对员工好这件事永远不能变。"

那么，作为领导应该从哪些方面培养和塑造亲和力呢？不妨注意以下方面。

1. 不自高自傲

与员工交谈，领导言谈举止都很自然，就会营造出一种舒适、愉快、友好的氛围。和这样的上司在一起，下属不会感到尴尬难堪。

2. 记住员工的姓名

在偶然相遇的场合立刻被领导叫出名字，员工会觉得脸上很光彩，有一种被他人重视的亲切感。老板能够记住下属的名字、籍贯，其意义不在于表明记忆力好，在一定程度上体现了他对下属的重视程度。这是最经济、最便捷、最有效的满足下属情感的方法。

3. 关心企业的每一个员工

一个企业的运作，每个人都是同等重要的，就如同一部机器中，大小不同的齿轮必须紧密结合，才能正常运作。因此不能忽视企业组织中的任何一个成员。

4. 重用有能力的员工

如果你的公司有能力强、有开拓创新精神的年轻人，一定要考虑重点培养，分配适合其能力发挥的岗位，以此激发其积极性。

5. 对员工多宽容

员工与领导不和常常是员工跳槽的原因之一。所以作为领导者，一定要处理好与下属的关系，多一些宽容，这样可以使员工多一份安心，多一份感动，从而获得应有的回报。

总而言之，宽容对一个领导来说，是必不可少的气度。事实证明，宽容总是有利于事情的正向发展，而苛刻往往会把事情弄糟，甚至到了不可挽回的地步。

◎ 用真心去换取真诚

真情是赢得人心的最基本要素，也是最低成本的付出，却能带来最高的回报。

公司如果要长期稳定地发展，就必须要有一个稳定的人才群体。古人云："不积跬步，无以至千里，不积小流，无以成江海。"如何让人才长时间地为你服务呢？这就要向你的真心要答案了。

在自我意识越来越强烈的今天，权威性或强制性的领导越来越不受欢迎。所以领导必须进行情感投入，用真情打动下属的心，通过留住人心来达到留住人才。

那么，领导该如何用真情去打动下属的心呢？

一定要让你的情出自"真心"。不管你是面善的领导还是脸色难看的领导，如果你能够从内心深处去尊敬每一个人，你就能够拥有一种谦逊的胸怀，你就能够发自内心地去和蔼待人，你自然就会看到员工的长处，认可他们为公司所做出的贡献，相信他们的潜力，以一颗宽容慈爱之心对待他们。领导脸色柔和，给人以沐浴春风般的温暖，员工自然心领神会，愉快地工作，公司上下都和和气气，定会和气生财；领导关爱下属，注意说话的语气，从不大声喊叫、呵斥，说话友善，平易近人，对他们的态度十分亲近。下属自然也就愿意靠近你，接受你，信赖你，你要记住下属的名字，不要忘了跟对方打招呼，对方以善意的态度与你打招呼时，你一定要回应对方。尽管你很忙，要知道你的一声招呼会使你的下属开心愉快，尽心尽力地为公司工作。如此保持下去，你们的关系会越来越近，你的工作也会越来越顺畅。这要归功于领导"真情"的效用。

要接纳你的部下，关照他们、帮助他们、称赞他们。如果你的部下在你手下工作两年了，你们很少接触，你对他们的事一无所知，你怎么会用真情打动他们呢？但是，如果你换一种方法，和他们聊聊天，多征求他们的意见，对一些好的建议及时称赞，在工作上给予一定的帮助，经常聚一聚，即使他们有一颗顽固紧闭的心，也会向你打开。

◎ 尊重员工，以情换心

被列为美国企业界十大名人之一的 IBM 创始人托马斯·沃森常说："作为一个企业家，毫无疑问要考虑利润，但不能将利润看得太重。企业必须自始至终把人放在第一位，尊重员工是成功的关键。"

IBM 公司提出的口号是"尊重个人"。如果员工不能在公司受到尊重，就谈不上期望员工能够尊重和认同公司的管理理念及企业文化。作为管理者，更应该身体力行，始终把尊重员工落到实处，而不只是停留在口头上，要让员工能在上司面前自由地表达自己的意见和看法，这一点非常重要。

华为在尊重员工方面所做的，就很值得一提。

在 2017 年的一次活动中，来访客人提问华为成长和成功的逻辑时，任正非提到了"开放、妥协、灰度"三个词汇，阐明了这是华为集团从无到有、从小到大、从弱到强快速发展的有效方法。

综合华为所提倡的企业文化，不难看出，这里所说的"妥协"，并不是毫无原则、毫无底线的退让，而是打破固有思维应对员工予以偌大的尊重，并重视人性化管理。

是的，人人都有维护自尊心与追求心理满足的需要，每个员工也都有其重要性，因此一定要尊重每个人。只有这样，员工才能感觉到温暖，才能团结一心好好合作，管理者与员工之间才会有良好的互动。若把"尊重员工"的理念融入企业的血液当中，注重在管理上以人为中心，充分尊重员工的价值，重视员工需求的多样性，创造共同的价值观、信念，就能以此激发员工的工作热情与潜力，并持续地保持他们高昂的士气。

关于尊重人才，任正非还说过这样一段肺腑之言：之所以尊重人才，是因为企业的兴衰离不开人，企业家的每一分钱都是员工一点一滴创造出来的，功不可没。很多时候我们花大价钱从国外引进的技术，实际上核心还是中国的科研人员开发的，这肯定是不值得的，那么为什么我们不能趁这个机会将这些中国的科学家、中国的科研人员给接回来呢？我们也可以吸引全世界的高精尖人才，为我们国家效力。

在华为深圳总部、广东东莞松山湖华为园区、国内外华为研究所等场所，有各种风格的咖啡厅、咖啡角，使人顿觉舒适优雅，仿佛瞬间卸去了工作压力和疲惫；当你走进办公室，桌上经常有出差回来的同事带给你的咖啡，几乎人人有份；在华为咖啡厅你总会遇到三两个员工或与部门主管坐在一起，边喝咖啡边讨论各种思想与见解。这样的工作环境与氛围，恰是任正非所倡导的"Coffee Time"。这种创意的初衷就是为了营造轻松、和谐的氛围，便于各层级主管能听到不同层级员工的心声，增进了解就会少了很多争议与不快，更适于传递正确导向。

其次，从另外一个角度来看，各部门领导可以放下身份架子，让员工感受到足够的尊重，减少距离感，领导与下属在轻松休闲的环境中工作，可以就工作上的不同意见畅所欲言，利于改进工作和创意开发。同时通过"咖啡漫谈"的方式了解基层员工的动态，能进一步加强团队管理，凝聚人心，从而进一步提升团队战斗力。

尊重员工是人性化管理的必然要求。对员工来说，他们在内心深处都渴望得到重视和尊重。他们认为，在职位上的差异能够接受，但在情感上却希望自己的贡献、价值都能得到同等认可，这种认可的体现就是在企业中能得到别人的尊重，尤其是上级领导的尊重。一旦感受到尊重，他们的内心深处就会产生一种"不负使命"的责任感，工作意念和干劲儿就会促使他们尽力做事。尤其上下级之间的相互尊重是一种强大的精神力量，不仅有助于企业员工之间的和谐共处，更有助于企业团队精神和凝聚力的形成。

在现代企业中，如果拥有了员工的心，也就拥有了他们为企业做贡献的真心；管理者对员工尊重，员工也会尊重管理者。

作为领导，如果你在下属面前一而再、再而三地推卸责任，那么你的下属迟早会对你产生不满。要想消除他们的不满，你就要及时修正不足，主动担负起责任。

作为领导者，做工作一定要有自己的想法，但同时要因时因事客观对待，尽量遵从人性化管理，不要因为一点无关重要的小事，就伤了下属的心。

比如，某员工打算次日早上带家里老人去医院看病，请求迟一点儿上班，因公司规定不许迟到，所以被领导一口拒绝了。这位员工见自己的请求被断然拒绝，并且领导连请求迟上班的原因也不问。毫无疑问，这样处理问题，必然会引发员工对领导产生不满的情绪，认为领导没有"人情味儿"，由此也必然会产生抵触心理。

另外，遇到下属提出一些要求或对工作不满，上司一定要抽些时间，私下沟通一番，了解根由。上司在和员工交谈时，态度尽可能温和一点，避免采用一种对抗式或质疑式的语气，否则就会使原本"抽丝剥茧"的交谈，激化成互相揭短攻击。

◎ 注重小事，打动下属

从点滴做起，用小事温暖人心，让员工在不经意间感受到领导真诚的关怀和温暖。因为越是小事，就越能折射出一个管理者的整体风貌和管理艺术，大家会通过一些不经意的小事，去衡量你、评判你、去决定怎样待你。正所谓"细节决定成败"。

福耀玻璃工业集团股份有限公司创始人曹德旺，他把所有员工都看成是家人，想员工所想，急员工所急。公司承诺承担每个员工和嫡系家属每年200万元医疗费用报销。

　　小事往往是成就大事的基石，这两者之间是相互联系、相互影响的。管理者要善于处理好这两方面的关系，使两者相得益彰。如果管理者能在许多看似平凡的时刻，勤于在细小的事情上与下属沟通感情，经常用"毛毛细雨"去滋润员工的心灵，上下关系就会像禾苗一样生机勃勃，苗壮成长，最终必然结出丰硕的果实。

　　刘强东在创办公司之初，就承诺在京东工作满三年以上员工无偿提供单间公寓。2019 年，刘强东宣布：以后京东员工只要是在任

职期间遭遇任何不幸，京东都将负责其子女直到22岁的学习和生活费；凡是在京东工作满五年以上的员工，如果遭遇重大疾病，公司都将承担其全部医疗费用。他深深懂得将心比心，设身处地为员工着想，员工才会肝胆相照地努力工作。

◎ 雪中送炭更温暖

每个人都有每个人的顺遂快乐，也有着不同程度的波折烦恼。当困厄来临，若有人搀扶一把，或许就可绝处逢生；若身处困境，"叫天天不应，叫地地不灵"，往往如坠冰窟，渴望一丝温暖将自己拉出绝望的边缘。所以，人们对雪中送炭都会怀有感恩之心。

"格力"公司里有一个女员工家境不太好，丈夫常年在外打工，日子过得比较艰难。董明珠知道后，在生活方面多加照顾，逢年过节还会代表格力送礼物表示慰问。还有一次，有一名员工患重病，急需医药费，董明珠二话不说，立即派人送钱到医院，并协调住院事宜。为此，董明珠在公司成立了困难职工救助基金会，让困难职工都能拥有家一般的温暖。

2019 年，董明珠发起成立"明珠公益慈善基金会"，致力于筹募善款、扶贫济困、公益救助等活动。由于捐献资金、物资等数额巨大，2022 年格力获评"5A 级社会组织"，同时这也是对董明珠公益事业的高度认可。

董明珠不仅在疾病面前挺身而出为员工解决经济困难，还为员工建房、分房。她在一次员工大会上宣布："目前已经建了 3700 套住房，大学生只要来公司工作了，就分配一套房。只要在格力干到退休，这房子就归你个人所有了。所以我们员工根本就不用愁钱买房。"事实证明，一个肯为员工"安家"的企业，必然会赢得人心，自然也就能得到员工尽心尽力的回报。

管理者关爱员工，给员工雪中送炭，需要把握以下三个要点。

1. 平时要注意"天气"，摸清哪里会"下雪"。

管理者要时常与员工谈心，关心他们的生活状况，对生活较为困难的下属要心中有数，随时了解情况，把握下属后顾之忧的核心所在，及时发现哪里有"雪"，

> 危难之时见真情，所以自古以来雪中送炭就比锦上添花更难能可贵。作为管理者，能够在下属遇到急难时给予及时帮助，会获得下属兄弟般的情谊和竭尽全力工作的回报。

以便寻找恰当的时机送出"炭"。

2."送炭"时要体现真诚。

任何人都不喜欢别人虚情假意地对自己。如果他发现管理者"送炭"不过是想利用自己时，就算接受了"炭"，也不会产生感激之情。那么，你的"炭"岂不是白送了？因此，管理者在"送炭"时必须真诚，让当事人和所有旁观者都觉得，你确实是真心为员工排忧解难，而不是"作秀"。

3. 要量力而行。

管理者对员工"送炭"要在力所能及的范围内进行，不要开空头支票。倘若公司财力有限，可以发动大家集体帮助，必要时可以请求社会伸出援助之手。

雪中送炭，是感情投资的一种重要方式。如果你拥有并用活了这种方式，不仅接受"炭"的人会感激不尽，还会感动其他员工。

【用人精要】

万洲国际执行董事、双汇发展董事长
万隆：有竞争才能更好发展

双汇集团用人机制颇有特色，本着"人人皆人才，赛马不相马"的用人机制。万隆董事长一直严格执行竞争上岗，就是所有从上到下的管理人员每年、每季、每月都有一个任期时间截止日。一旦任期结束就必须参加业务考核，而且每一次参与评审的评委有五十多人，可见审核严谨度。

双汇集团的考核机制也很独特，倘若管理者考核结果很差，或者有诚信问题，就会被评审团表决逐出公司。这种以竞争为原则的员工考核体系足以震慑所有管理者以及员工。

对于管理者而言，这套公开公平制度下形成的竞争力，就像一个巨大的筛子，不合格的员工随时都有可能被筛下去，而优秀的人才在新的竞争力作用下，不断激励自己变得更加优秀，从而促进企业有序发展。

至今 31 年以来，双汇集团始终坚持"看业绩、看学历、看经历、讲诚信、讲道德、讲执行力、不讲关系"的用人原则，同时严格执行"竞争上岗、目标管理、绩效考核、述职评价、优胜劣汰"的用人机制。

第九章
不拘一格，用人必知的技巧

"我劝天公重抖擞，不拘一格降人才。"可是，如果领导者用人拘于一格，那么老天"不拘一格降人才"又有何用？不拘一格降人才似乎不难，难就难在不拘一格用人才；用正才也不难，难就难在如何用好特殊人才。

◎ 不拘一格用人才

作为一个领导者，要想避免成为竞争浪潮下的溺水者，就必须放弃保守的旧观念，做到真正意义上的求才若渴，做到视野开阔，不拘一格地大胆选用人才。这样才能提升领导者的人格魅力，吸引更多的人才为公司创造更高的财富价值。

一位土耳其教授 Erdal Arikan 于 2008 年发表了一篇有关 5G 网络极化码（短码）的文章，华为研发人员发现以后立即与这位教授联系，洽谈联合研究事项。十年后，终于研发成为 5G 标准极化码，并转化成为产品，成为 5G 国际标准之一。这也是华为第一次从概念（知识）创新，到技术研究、标准制定到产业化产品创新的全过程。

为了纪念这伟大的日子，任正非特意请巴黎造币厂设计制作奖牌，纪念这一次伟大的飞跃，纪念全新的通信技术引领时代发展的动人时刻。奖牌造好之后，2018 年 7 月 29 日在华为深圳总部，任正非亲自将奖牌颁发给 Erdal Arikan 教授。

Erdal AriKan 教授感动地说："今天我非常荣幸获得华为颁发的这个奖项。极化码能在短短十年内就走出实验室，成为一项标准，离不开华为领导和工程师的远见卓识及在技术方面作出的贡献。我对此感到非常高兴。作为研究人员，最大的奖励莫过于见到自己的构想成为现实。"

回顾往昔，倘若没有领导者敏锐的目光，没有领导者不拘一格用人的胆量，华为的 5G 时代或许来得会晚些。

所谓用人以才，就是对人才大胆使用，不拘一格。众所周知，人才是通过培养和实践而成的，对他们应当放手使用，使他们有施展才华的空间。如果拘泥于论资排辈，那么年轻一代又有何机会展露才华呢？所以，对于才华卓著之人、有功之人，要不限资历，越级提拔。

用人的成功，在很大程度上取决于领导者是否树立了鼓励优秀人才的良好氛围，这是造成人人争当先进的良性竞争的关键，也是企业向前发展的必要因素。

因此，所谓"不拘一格"的关键是要领导者冲破陈旧观念与条条框框，融入现代"寓杂多于统一"的用人原则，摒弃排斥异己、唯亲是用的思想，而应该以公司利益为重，因事设人，因才而用。

　　当然，不拘一格任用人才，并不是不加考察滥用人才。360公司创始人、董事长兼首席执行官周鸿祎说："创业不易，守业更难，所以有五类员工不能用：说谎的；自我膨胀的；心胸狭窄的；吃里扒外的；拉帮结派的。如果发现这五类人坚决辞掉，不然就会影响团队的凝聚力，对企业有百害而无一利。"

◎ 善用特立独行的人

"特立独行"常用来形容人的志行高洁，有主见，有自己特别的性格，其言行不随波逐流，而是保持独来独往的风格。但并不是说这类人一定就不合群或行为怪异，而是指其观点和行为起初往往不能得到大多数人的理解和接受。

从真正意义上来讲，我们所说的"特立独行"的人，不是刻意去标新立异，而是如何将自己独特的一面展现出来，让所有闻之者无不竖指佩服。所以特立独行的根本，不是为了凸显个性，而是用你的才华支撑起你的双脚走下去的本领。当你的本事超过你的脾气，便可称之为特立独行；当你的脾气大于你的本事，那就属于不会自我控制了。

在斯坦福大学开学典礼上，美国文学评论家威廉·德莱塞维茨曾说过一段发人深省的话："你要确认你自己的价值观，思考迈向自己所定义的成功的道路，而不仅仅是接受别人给你的生活，接受别人给你的选择。"一般来说，特立独行之人他们心中有自己的天平，有自己的方向，而且与多数人所秉持的喜好或行走的路不一样。

古代《汉书》中就记载了董仲舒特立独行而"三年不窥园"的故事。

一代儒学大师董仲舒，自幼天资聪颖，酷爱学习，读起书来常常废寝忘食。他的父亲董太公看在眼里急在心上，为了让孩子能在痴迷的学习中歇歇，他决定在居住的屋后修筑一个花园，让孩子能到花园散散心。

第一年动工，花园初具规模，家族兄妹多次邀约董仲舒到园中玩，但他手捧竹简，只是摇头，继续埋头学习《春秋》。

第二年，花园建起了假山。其他人纷纷爬到假山上玩。小伙伴们叫他，他动也不动地低着头，在竹简上刻写诗文，头都顾不上抬一抬。

第三年，后花园建成了。一个中秋节的晚上，全家在花园中边吃月饼边赏月，可就是不见董仲舒的踪影。原来董仲舒趁家人在赏月之机，又找先生研讨诗文去了。

在别人的眼中，董仲舒与别的孩子不一样，不爱跳、不爱玩，似乎是个怪人，整天只知道读书，而正是如此，董仲舒最终成为了令人敬仰的一代儒学大师。

可以说，不管是哪个朝代，亦或是当今社会生活的某个领域，总会出现一些特立独行的人，他们独立思考，有较强的个性和特点，并且能够持之以恒，而这些品格正是一个人成功做事的重要条件。

就实际而言，一个企业能够长远地发展，能够越来越好，必定需要开拓创新，与时俱进。而那些特立独行、个性很强的人，他们非常清楚规则和边界所在，但又不愿被规则所束缚，他们敢于直言，敢拼能闯，能够跳出框架去思考去做事。所以就用人来说，领导者善用特立独行的人才，可以保持企业内部的活力。因为这些人往往是企业开拓与发展的中坚力量。难怪法国哲学家阿尔贝·加缪认为，一切特立独行的人格都意味着强大。

◎ 善识"怪"才眼界高

一个企业的兴衰，能够"精准配位"运用人才是关键。人才的分类很多，大致可分为帅才，将才，匠才，怪才等。这其中成大事者，也不乏一些"怪才"。若从性格上来说，这类人才脾气古怪，生性执拗，甚至有时还会有恃才傲物之举。

怪才虽怪，但往往有其独具的特长，也是难得的人才。那么，善识怪才和善用怪才，既可说是领导能力的见证，也可说是领导者眼界高远的表现。作为用人者，千万不能轻视这类"怪才"，因为，倘若能发挥他们的"怪才"，往往会给企业带来较大的贡献。用人者必须想办法把这类有特殊才能而又与众不同的"千里马"挑出来，并让他们充分施展本领。

韩国著名的三星公司就能大胆地使用怪才，1999年，正当风险投资悄然兴起时，当时三星电子软件俱乐部聘请的"软件大玩家们"的年薪达到了2亿韩元。这些软件方面的专家们并不像人们想象的那样来自名牌大学，相反，他们绝大部分都没有接受过正规的大学教育。这或许也是三星公司能够善识怪才，从而笑傲商场的一个重要因素吧。

通常，使用"怪才"也是一门艺术。古往今来，能妥善处理并能"才尽其用"也是一件不太容易的事。没有一定高远的目光、气度和精神世界，是很难理解和用好这些"怪才"的。因此，要想用好"怪

> 怪才虽怪，但往往有其独具的特长。倘若能把控好"其长可用"，同时也能"其短可控"的原则，促使他们发挥其异于他人的"怪才"，往往能给企业带来较大的贡献。

才"必须做到以下三点。

1. 首先不能以貌取人，要抛弃言行举止所带来的外观印象，要深度了解怪才之"怪"。

2. 综合判断，仔细寻找"怪点"背后的价值。

3. 发现其"怪"所在，开发适用的岗位，使其发挥出最大的才能。

当然，使用"怪才"是一把双刃剑，若能因材而用则能事半功倍，使用不当或将反伤其主。故而，使用起来也要十分注意。诸如脾气火爆却侠肝义胆者、说话古怪却心地善良者等等怪异之才都要用得恰到好处。切记一定要做到"其长可用"，就是说，利用他的一技之长，为集体创造价值；还要做到"其短可控"，就是提前做好风险预估，最好配备一个性格互补的人才与之搭配使用，这样能尽量规避风险发生。

◎ 给英雄以用武之地

人才能否发挥出应有的才智，取决于这个岗位能否激发出这个人的潜质，所以，在选用人才方面，一定要不拘一格。

放眼国内知名企业，可谓英雄辈出，气势恢宏，一浪接一浪。如果说50后、60后都已经算是老一辈企业家了，那么70后、80后、90后的企业家就应该是互联网时代的后起之秀。这些年轻一代的企业家，为我国经济飞速发展增添了光辉灿烂的一笔又一笔。

字节跳动公司的创始人张一鸣，是一个低调内敛的80后，虽然公司面世仅仅十余年，但作为孵化出了今日头条、抖音、火山小视频等炙手可热产品的互联网公司，如今已让人刮目相看，回顾过往时张一鸣动情地说："我们公司能够快速发展，是各位英雄共同努力的结果。"是的，张一鸣清楚记得，在公司业务发展的早期阶段，他将自己训练成了公司的第一HR，在尽显英雄本色的同时，不断寻找和发掘可以补充业务短板的所需之人，并及时赋予他们足够大的施展空间，坚决杜绝"英雄没有用武之地"的情况发生。所以很快，公司从0发展到10万人，仅用了8年时间。

有人疑问这么庞大的人才阵营，张一鸣是怎样管理的呢？

在字节跳动的人力资源部，践行着一种很有时效性的管理模式，他们内部叫 Perfect Match Program。就是不同的人才，匹配的学习项目会有方向性的不同。为了匹配人才梯队的要求，面对各种技术型人才，都能做到和谐统一的配置。在公司管理层常听到这样一段话："人才梯队的前提，是人才培养，不是单纯地多付薪酬，更需要营造一个人才成长的环境。"

【用人精要】

拉卡拉集团创始人、董事长孙陶然：
选用人才遵从"三有标准"

拉卡拉支付股份有限公司，成立于2005年，是一家商户数字化经营服务商，是目前国内领先的第三方支付公司。2019年4月25日，拉卡拉支付在深交所成功上市，成为第一家登陆A股市场的第三方支付企业。董事长孙陶然对于选用人才方面，坚持"三有标准"。

第一，要有态度。态度决定参与权，这其中包含三个要素：求实、进取、激情。

第二，要有能力。企业要想发展必须要用能人。同时他也给出了三个标准：解决问题、有亮点、业绩好。

第三，要有素质。素质决定分红。

在用人管理方面，孙陶然始终坚持精编、优待、二八分配原则，让组织用人保持略为饥渴的状态；员工待遇优于同行水平；赏罚分明，把更多的钱拿来奖励创造业绩的人。

董事长孙陶然对于选用人才方面，秉承"三有标准"，同时在经营管理方面还坚持如下原则。

1.经营三要素：建班子、定战略、带队伍。

2.管事四步法：先问目的、再做推演、亲手打样、及时复盘。

3.管人四步法：设目标、控进度、抓考评、理规范。

第十章
妙语拨弦，用人要懂得发挥暖心的语言

语言功夫就是领导者说话的艺术，一个善于表达领导者，不仅能准确表达指挥的意愿或目的，而且能与下属有效沟通，消除误解，拉近距离。这对良好的用人来说，无疑是十分重要的。

◎ 语言功夫撬动心理壁垒

领导者善于运用语言艺术，能够成功地达到攻克员工心理壁垒的目的。

恰到好处地表达自己的意图，而且说出的话语动听、入耳，让人听了乐意接受。由此提高员工工作执情，达到激励员工的目的。

可以说，领导者的语言功夫，对用人效果的影响十分巨大。在各行各业竞争日趋激烈的今天，一个领导者是否有能力，以及这种能力是否能发挥出来，其中重要的因素之一是他说话的水平和语言艺术。

马先生是郑州一家装饰公司的设计部经理，负责设计部的日常运营和工作的开展，他平常工作安排得当，能充分发挥下属的能力，所以设计部的工作效率特别高。

一天，公司安排一个比较复杂的房屋装饰设计工作给设计部，此项工作的客户对细节要求比较严苛。因此，这项工作的难度非常大。马先生预估了工作量和工作难度，决定将此项工作交给小于。

马先生将小于叫到办公室，告诉小于："小于，你手头的工作完成得差不多了，我看你的工作效率和工作质量都特别高，能有你这样的下属我很开心。现在公司又给咱们部门一项新的工作，坦白来说，这个工作稍微有点难度，但是对你的能力我还是很自信的，交给你我一点都不担心，你看看方案及客户要求，理理思路，有问题及时和我沟通。"

小于接受领导安排的工作后，认真研究了一下，发现这项工作难度确实不小，所以他内心压力很大，想把这项工作推掉，可刚才领导说的一番信赖和鼓励的话，又使他信心大增，他不想辜负领导的期待和信任，随之心中的屏障就消除了。

于是，他潜心思索，分析并列出工作的难点和思路，主动和客户沟通细节问题，最终用专业的水准获得了客户的高度认可，顺利完成了工作。

马先生一直关注着小于的工作进展，看到小于顺利完成了工作，马先生高兴地夸奖小于："小于啊，你真是让我刮目相看，这项工作完成进度超出我的想象，而且细节方面处理得特别好，以后有什么难题，找你就对了。你可真是够牛的。"

小于听到马经理的赞美，心里很高兴，从此工作起来更加努力了。

领导运用语言艺术可以给下属以动力和支持，可以带给下属实现自我价值的肯定。并且在一定程度上能消除下属的疑虑，极大地增加下属的工作信心。

◎ 一把钥匙开一把锁

领导讲话应注重多种表达方式。就方式本身来说，并无长短之分，而对听者来讲却有"合"与"不合"的反应。合则入耳，成事有余；不合则会遭拒绝，败事有余。

试想，若领导者和员工之间常常"话不投机半句多"，员工又怎能遵从领导的安排，认真完成工作任务呢？恐怕一言之误，有可能葬送了全部的事业；倘若领导讲话，条理清晰，有远大愿景的规划与布局，就会鼓舞士气、一路向前。

阿里巴巴创始人马云在1999年的一次员工会议上的讲话，就是选对了一把钥匙，开对了一把锁的。

1995 年，马云创办了中国第一家互联网商业信息发布网站"中国黄页"。当时，互联网信息时代，对于大多数国人来说还是个陌生的字眼，更不用说能看到未来了。但马云敢为人先。1999 年马云第二次创业，面对眼前互联网这个巨大的"锁"，他要做国内第一开锁人！但他更知道，要想打开这把巨锁，首先要打开员工的"心锁"。于是，他对员工说："今天召大家来，是想我们一起探讨以后至少 5 年，甚至 10 年我们要做的事情。那么我们阿里巴巴要做哪些事情呢？应该忘掉四年前的'黄页'，放眼未来。我们的竞争对手不在于中国，而在于美国硅谷。如果把阿里巴巴定位，就把它定位在国际站点。现在，科技硬件上我们可能还远不如有些国家，但若论头脑这个'软件'，我们中国人绝不比他们差！我们在座的所有人的脑袋绝对都不比他们差！这就是我们敢于争先的主要原因。如果我们有好的 Team（团队），而且我们自己知道我们想要干什么的时候，我相信我们会一档一档的做下去。我们凭的是什么？一定是我们的毅力，我们的意识，我们的创新概念。否则的话，与他人有什么区别呢？有可能我们未来三年、五年还要付出惨痛的代价，只有这样惨痛的代价，才会迎来我们未来的成功。阿里巴巴未来要成为服务中小企业的一家电子商务公司。我们的目标是2002年，阿里巴巴上市。"

2003年5月10日马云创立淘宝网，开始抢夺市场；2004年12月，马云又创立了第三方网上支付平台——支付宝。

2014年9月19日，阿里巴巴在纽约证券交易所正式挂牌上市了。虽然晚了几年，但毕竟既定目标达成了，而且所创立的"阿里巴巴国际交易市场"目前领先全球批发贸易平台，服务全球200多个国家和地区。

马云在创业时候讲过的几段话，后来他的这些"罗汉"朋友们也经常提起，称赞马云不仅是一个具有超前商业头脑的CEO，还是一个情商极高的语言高手。

的确，在上面这段讲话中，马云首先给大家铺展开一幅创业蓝图，为了解开员工的疑虑，首先他轻描淡写了第一次创业的"中国黄页"网站，意在暗示自己的创业方向是正确的，某种意义上来讲，也是成功的。只是这一次，他要放眼世界，要做一次更高远的挑战。然后，他对在座的员工说了"论头脑这个'软件'，我们中国人绝不比他们差！我们在座的所有人的脑袋绝对都不比他们差"予以肯定，并且重点强调了团队合作精神。试想，这样一个完美的语言逻辑，谁还会有所顾忌呢？一句话："干就得了！"

由此可见，良好的语言驾驭能力就像一把钥匙，能够准确无误地打开封闭的心扉，解开员工内心的纠结，使员工积极主动地投入工作，能够使员工主动地关心公司的利益，甘愿为公司效力。

当然，言语交流是否成功由很多复杂的因素决定，因此采用什么样的语言方式交流是千差万别的。毕竟一把钥匙只能开一把锁，对甲的成功谈话方式未必适合乙，同样的管理方法、用人手段运用到甲和乙身上，可能取得的效果也是截然不同的。

◎ 注重与下属个别谈话的技巧

与下属单独谈话，是领导者用人的一个重要环节。运用好个别谈话，不仅可以了解情况、沟通思想、交换意见、提高认识、解决问题，还可以畅通言路、集思广益、凝聚人心、增进友谊。通过融洽的个别谈话，领导者部署了意图，了解了员工，可以更好地注意到用人过程中的个体差异，实现把话说到人心里，把人用得恰如其分。一般来说，与下属单独谈话应注重如下方面。

1. 感情真挚是前提。

所谓"感人心者，莫先乎情"。就是说，感情真挚、态度诚恳、平等待人、亲切交心，是开展谈话工作的重要前提。具体来讲，领导者与下属交谈，主要体现在关心对方的学习、工作、思想、生活等方面。同时，还应了解下属有什么特点。掌握了这些，才能促进相互间建立感情和信任，才能保证相互交谈时，使对方愿意敞开心扉，以达到良好的谈话效果。

2. 适时、对症是基本条件。

选择恰当谈话时机，是开展好个别谈话的重要基础。其中构成谈话时机成熟的条件是多方面的，谈话对象的不同，相关条件的要求也不同。如果对方情绪比较平和，能听得进意见，并能照话去做，就可以立即与其交谈；如果对方情绪比较激动，对谈话意图充满反感，可先进行"冷处理"，等下属的情绪趋于稳定以后，再另选时间交谈。切忌"火上浇油"，以免扩大事态、加深矛盾。

3. 善于讲道理。

领导者与下属个别谈话，其实就是做思想工作，因而要讲道理，以理服人。谈话过程中，领导者要服从事实，不能只讲虚理，要从事实中引出道理。作为领导者，一定要熟练灵活地运用辩证法，具体问题具体分析。

4.谈话方式要灵活。

既然与下属谈话要视谈话目的、对象不同而不同，那么谈话的方式也应有所不同。实践中，以下几种谈话方式可以作为借鉴。

一是用商量的口吻进行交谈。这种方式要求谈话人要心平气和、平等待人，以关心、信任的态度对待谈话对象，不能自视特殊，不要"好为人师"，也不能"连珠炮"似的发问，或中间打断对方的话头，应允许下属解释、谈不同看法。对的要肯定，错的予以指出，要在友好的气氛中，协商解决问题。

二是询问型交谈。即领导者对有的下属可以直接问，而对有的下属则可委婉地问。关键是领导者一定要掌握"问"的技巧。

三是批评型交谈。运用这种方式，领导者大多要先肯定其成绩，然后对被批评的人的缺点和错误委婉地指出来，使之能主动认识到自己的错误。当然，有时也可以直接进行批评交谈。

总之，领导者必须注重和提高与下属谈话的技巧，这样才可能在用人时做到准确无误。

◎ 赞扬之中富于奇效

赞扬可以满足一个人的荣誉感和成就感，使其在精神上受到鼓励。

在人才竞争激烈的今天，善于运用赞扬的艺术，不仅能表现出领导的亲和力，而且还能更好地激励下属努力工作。

在现代社会中，人的社会性决定了人需要得到他人和社会各界的承认与肯定，而你发自肺腑、恰如其分地给予赞扬，是对别人的热情关注、诚挚的友爱和由衷地承认，必然会起到鼓励的作用和引发感激的心理效应。

美国钢铁业的天才查尔斯·施瓦布，很善于利用赞美的艺术。当时，他每年的薪水为 100 万美元，这是令很多人都羡慕的待遇。但查尔斯·施瓦布却这样说："我认为我最大财富并不是金钱，而是我拥有能够激起人们极大热诚的力量。而鼓励和赞美就是力量之源，它能激起人们心目中最美好的东西，也最能感染人。我从来不指责，我相信激励会得到更好的效果。所以我总是急于表扬别人，而不是吹毛求疵。如果问我喜欢什么，那就是诚挚地赞扬别人……"

著名企业家玫琳凯也曾说："世界上有两种东西要比金钱更珍贵，更被人们所需要，那就是认可和赞美。"赞美是最好的激励方式之一！

"玫琳凯"是全球最大的护肤品和彩妆品直销企业之一，在公司内部，创始人玫琳凯制定了一系列"赞扬"的方法：每个美容师，在第一次推销出 100 美元的化妆品后，会获得一条缎带作为纪念，还会得到上级的表扬；公司每年都要在总部的"达拉斯会议中心"召开一次声势浩大的"玫琳凯年度讨论会"，参加讨论会的是两万多名优秀的销售代表，在会上有这样一个环节，安排成绩优异的销售代表穿着代表最高荣誉的"红夹克"上台演讲，同时还会颁发公司的最高荣誉奖品——镶钻石的大黄蜂别针和貂皮大衣，奖励给优秀的美容师；每年还会把公司各大领域中名列前 100 的人的名字在公司发行的刊物《喝彩》上刊登。

一个高情商的管理者必然懂得精神激励法的巧妙运用，通过表扬来拉近上下级之间的距离，建立起管理者与员工之间的沟通桥梁。激发他们的工作积极性、主动性，使其日常工作中的良好表现得到巩固，形成良性循环，收获更多的成绩。同时这种被认可、被赞扬、被激励的行为还能激发其他员工学习效仿的热情，创造企业良好的风气和工作氛围。

◎ 幽默的妙用

管理一个团队不可能总是花好月圆，有矛盾和分歧并不奇怪。这个时候，适度的幽默能变紧张为舒缓。幽默处事在用人管理中非常重要，当领导者向下属表达自己的个人想法，或者过渡尴尬局面时，不妨巧妙地幽默一把，借助语言魅力达到更好地沟通效果，巧妙化解用人危机。

一般来说，每个人在表达个人看法的时候，无论是面对一个人还是面对一群人，都希望通过幽默的方式将自己的观点更确切有效地表达出来，赢得对方的认可和支持。但是，许多人在这方面还缺少应有的自信心，有的人认为自己不善于说笑话、讲趣味故事，不会把幽默与自己的观点糅合在一起。

如果领导想要解决这一障碍，关键在于多学多练，大胆尝试。在开始时，不必要求过高，不必急于造成强烈的说服力与感染力。同时还要纠正对于"幽默"的误解，盲目认为幽默只有通过笑话才能表达。不能否认，完整的笑话是幽默的一种，但是不要忘记还有许多更为简洁的幽默，例如俏皮话、双关语、警句等。它们可能属于笑话，也可能不属于笑话，但都是幽默的形式之一。

通常来讲，并不是完全依靠讲笑话才能引人发笑，产生的效果也不一定太好。笑话往往能帮助我们开心，但并不一定能给人以真诚和智慧。要知道，每种幽默形式都有它的缺点和不足。我们了解了人性弱点和局限性，在运用时会有很大的益处。

著名作家布莱特的仆人就很清楚这个道理。

> 良言一句三冬暖，恶语伤人六月寒，机智幽默富有人情味的语言可以拉近你和下属的距离，使下属对你产生安全感和信任感，更加安心地在你的领导下努力工作。

有位演说家在讲到喝酒的害处时，不禁喊道："我看应当把酒统统扔到海底深处去！"听众之中有个人说："我赞成。"演说家更加激动："先生，应恭喜你，我觉得你是一位富有牺牲精神的男士。请问你从事什么工作？"那人答："我是深海潜水员！"

　　比如，在同事工作出现失误时，千万不要用刻薄的语言去挖苦，那样你会失掉他的信任和支持。这时，不妨借助幽默，如能和对方一道笑起来，效果会更好些。又比如，一位领导对下属说："我急需4份报表，请立即复印，快一点！"下属立即动手，按动了快速复印的按钮，不小心印了14份报表。这个领导说："真笨！我用不着这么多！"下属只好笑着说："真对不起，可是您已经急到这种程度了。"随后两人都笑了起来。这个幽默顿时缓解了紧张的空气，使这位上级接受了下级巧妙的批评，并且与之建立了亲密的共事关系。

　　以上的例子告诉我们，适当的幽默可以避免直击主题时的尴尬，让对方在不失颜面的情况下接受本不愿意接受的结果。作为一个企业领导，更要善于把握说话的分寸，不能故意伤害下属的自尊。这样不但当事人会感激你，也可以在其他员工面前树立美好形象，提升你的领导魅力，使你的下属对你产生信服和安全感，更加安心地在你的领导下努力工作。

◎ 巧用激将法

所谓激将法，就是利用语言刺激对方心理的一种方法。是领导用人的一种有效策略。在一定环境下，当有人因为遭受挫折、犯了错误而缺乏信心时，可以用语言故意刺激他，从而激发他的自尊心和上进心。这便是激将法对于用人的效应和作用。

常言说："请将不如激将。"在用人过程中，如能巧妙地使用激将法，将会收到意想不到的效果。

利用巧言激将，一定要注意区分对象，根据性格特征因人施法，犹如对症下药，方能于病有益。否则，只会白费唇舌、枉费心机。巧言激将还要看准时机：出言过早，时机不成熟，易使人泄气；出言过迟，又成了"马后炮"。因此，除了注意把握时机外，还要注意分寸，倘若说出不痛不痒的语言，就犹如隔靴搔痒；言语过于尖刻，会使人反感。因而，语言激将要灵活运用。可使用以下几种方法。

1. 直激法。

就是面对面直截了当地去刺激对方，以使他的自尊心激发起来。例如：某厂改革用人制度时，对中层干部实行毛遂自荐。能力技术俱佳的技术员小马乃众望所归。然而，不知何故小马迟疑不决。在厂领导的暗示下，一位老工人找到他，言辞激烈："小马，你不也是大学高材生吗？大家都对你寄予厚望，没想到你这么没出息，连个车间主任的位子都不敢接，真是窝囊废！"

"我是窝囊废？"小马腾地站起来，说："我的大学白上了，连个车间主任也当不了吗？"说完就斗志昂扬地走进了领导的办公室。

2. 暗激法。

就是有意识地褒扬第三者，运用人争强好胜的心理，激起他压倒别人、超过别人的强烈愿望。

这种方法的巧妙之处，在于旁敲侧击刺中对方不甘落后于他人的自尊心，使他萌发一种定要超过第三者，以胜利者的姿态昂然屹立的念头。

3. 导激法。

面对不同的被激对象，需要"激中有导"，用明确的或诱导性的语言，把对方的热情激发起来。例如：某校有一差生爱打架。一

176

次，他打了一位同学还自诩为英雄。老师批评他说："打架算什么英雄，学习超过他，那才是真正的英雄。"那个学生从此发奋学习，在后来的期末考试中果然取得了可喜成绩。

作为一个会用人的领导，倘若在言谈中使下属心服口服，必然能在日常工作中达到彼此理解，上下一心，共创辉煌的良好效果。

若想以巧妙的语言俘虏对方，靠的是聪明才智和日常生活积累的经验。主要方法可分为以下两点。

第一个方法是强调责任。就是面对面时，如能强调其能力，容易满足对方的自尊心，因为任何人都希望获得别人的信赖和尊敬。

第二个方法是加深感情。当提出的一些问题或条件不利于对方，或许对方听了会感到难受时，就要考虑打"情感牌"，感动他的心。在开始谈话之前，尽量抢先占领对方的感情空间。

只要交谈前先去了解对方的脾气属性，根据事实情况，运用恰好的语言刺激对方，或旁敲侧击，或直击痒处，总之，激将法若能用得巧妙，就能消除不快、烟消云散，然后水到渠成。

【用人精要】

"玻璃大王"曹德旺：
真正优秀的人才要经受得起打击与磨难

号称"玻璃大王"的曹德旺，是福耀玻璃集团的创始人。

在他创建企业之初，企业的许多技术、管理等相关人才，都是曹德旺亲自把关聘用的。

1.在招聘人才方面，曹德旺践行"以德为先，德才兼备"的朴素理念，他曾经在个人自传《心若菩提》里面讲道：我觉得，一个人是不是一个真正优秀的人才，不能光看他的工作能力，还要看他能不能经受得起打击与磨难。

2.对于企业服务社会的宗旨，曹德旺曾说："我们要为中国人做一片属于自己的汽车玻璃，这片玻璃要代表中国人走向世界，展现中国人的聪慧，在国际舞台上与外国人竞争。""兴邦强国从我做起！"

3.对于企业服务社会应尽的义务，曹德旺表示，我不断以为，企业家的义务有三条：国度由于有你而强大；社会由于有你而进步；人民由于有你而富足。做到这三点，才敢无愧于企业家的称号。作为企业家，在准备创大业时，一定要记住，做小事情靠技巧，做大事靠目光和人格魅力。

第十一章
规避误区，用人须知的禁忌

　　荀子说："独断专行是用人大忌。"事实证明，凡是喜欢独断专行的人，没有不犯错误的，并且最终也不能成就大事，因为他们往往得不到下属和群众的拥护。

◎ 独断专行是用人大忌

一个企业实际是一个整体，要想生存下去，既要靠企业家个人的智慧与能力，也要靠员工集体智慧与能力，才能越做越大。作为管理者，独断专行的行为不可取。这样的处事方式会破坏企业的团结和谐，给企业造成巨大损失。

独断专行的人，常常极度自信，从不考虑别人的意见，不善于换位思考，容易缺乏同理心、包容度，喜欢自作主张。这样的领导方式，效率不高。作为一个领导者要倾向于民主型管理风格，要善于征求和采纳别人的意见，须知独断专行是用人大忌。

福特汽车创始人老福特发明了 T 型汽车，掀起了汽车业的革命，但因为独断专行，差点断送了福特公司。幸亏小福特接盘，才免于公司倒闭；马斯克个性强势，合作伙伴对他都是难以忍受，对下属更是时常暴跳如雷，很多高管气愤地辞职离去，一时间造成人才流失，直到影响公司创收，马斯克才恍然醒悟。于是迫使自己改掉独断专行的性格，才挽回局面，使得公司转而得以持续发展。

具有人性化管理、能够征求意见，才是成功领导者的显著特征。关于这一点，美国钢铁公司总经理加利说得就很直截了当："我乐于听取别人的意见，尤其喜欢听各方面意见，在这一点超过了别人很多。"

事实证明，作为一个领导者，不要认为自己是领导就应该摆摆架子，认为自己很能干无需别人帮助，所以就独断专行。要知道"独木难支"！一条腿走路是永远走不过两条腿的。学会做一个集思广益、从善如流的管理者，你可以从周围人中获取助益；如果你蔑视了这种机会，结果肯定是自己损失多多。

全球"吸管大王"楼仲平是一个成功的企业家，也是影视剧《鸡毛飞上天》的原型之一，他说："不要把自己当领导。"他认为：人不能自我伟大，恰恰应该自我批判。人只有自我批判，才能感知到自己的问题，提高自我认知，谦卑地改变自己。否则，就会永远处于自我膨胀之中。

关于成就，楼仲平看得很平淡；关于管理用人方面，他极其重视。他反对独断专行，从来不做"霸道总裁"，而是秉承平等共处的原则。在他看来，"一切事物都是相对的。做企业要站在利他的角度，你对别人好，别人给予你的也是正向的反馈，最终还是利己。"

对于一个成功的企业家来说，最大的敌人不是市场，不是竞争对手，而是他自己，而自己最大的敌人是成功的逻辑和习惯。作为领导者，长期独断专行，不愿意听取别人的意见和建议，对下属喝五道六不容分说，都是用人大忌。这样不仅重大决策得不到充分分析论证，有可能还会丧失理智做出错误的判断，导致投资失败，甚至因此失去人心，痛失有用之才。

◎ 忌滥用权力

权力，是企业领导者职责范围内可支配、指挥和处置的一种力量。权力越大，这种力量就越强，所起作用的范围也就越广。作为企业领导干部，应正确对待和使用手中的权力，在处理重大问题和关键事务上，切忌盲目轻率、滥用权力。在一个团队和组织中，如何避免用自己的权力影响他人，是每一位管理者的必修课。

命令是让下属执行的措施，但领导者所发出的命令应该是正确的，是符合企业发展方向的。而不能将手中的权力当做一种可以任意发号的施令。

如"这是命令，你就照这方法做，不然，我就把你开除。"像这种不顾是非，不顾下属立场，强制的命令方式，是身为领导者绝对要避免的。这样无疑是鲁莽与武断，会有损领导者的威信与形象，既不能使下属良好地接纳你的旨令，还会增加下属的反抗心理，如此只会收到相反的效果。

一个真正优秀的领导者绝不会依靠权力来行事，而是会在适当的言行中，增强号召力和凝聚力，让下属从内心尊重你、服从你，更何况下属本身也知道要敬重上司，也知道领导是自己的指挥者。上司又何必处处表现自己有不可示弱的权力呢？

有些领导或主管，当属下不按己意而行时，往往不愿花点儿时间与下属沟通一下，而是马上搬出权力摆出一副威严的架势，想借以操纵下属。如此所带来的效应是可想而知的。即使他不是用很强硬的态度，也明白表示他不相信下属的能力。

不要滥用权力，与其随时随地斥责或命令下属做事，不如适当放权，让下属有更大、更多的主观能动性。

要知道，有时一个不理性而错误的决定，不仅会损害你在员工心目中的形象，还会使你的公司付出惨重的代价。尤其作为公司的高层领导，在要求中层主管不能滥用权力的同时，更要注重自己的言行，以免走进滥用权力的沼泽。

马先生是一家食品厂的总裁。在公司发展徘徊不前的时候，他了解了这是产品质量造成的问题。明确问题方向之后，马先生开始了他的改进计划。他决定狠抓质量，以质量赢信誉，以质量求发展，因此不断向员工灌输产品质量意识，使之深入人心。

马先生的努力终于换来了成功。全公司形成了严格的质量意识，在好长一段时期内，公司的销售额直线上升。可在某一年的年底，细心的员工发现了一个颇为为难的问题：此次出厂的一批罐头，在密封方面不符合公司出厂的标准和要求。这可怎么办呢？部门主任就能否继续发货这一问题犯难了，于是就把问题汇报给了总裁马先生。原本以为总裁一定会要求整改，指令停止发货。

可没想到，马先生的回答让人感到意外："照发不误。"以后的事就不用多说了。马先生就为这简短的一句话毁了自己的形象。他自己订立了关于产品质量的严格标准，并要求每个人严格执行，可现在是他自己违背这个原则做出了决定，打破了原来在下属心中形成的质量至上的铁律，渐渐地公司销售额严重下滑……

其实，当员工和部门主任把要不要发货的报告呈上来的时候，马先生就应该清醒地意识到：自己的回答无疑是告诉他们，所有订立的要求大家严格遵循的规则都是一纸空文，毫无意义，随时都可以撕毁、推翻。这无疑是自己滥用权力，结果搬了石头砸了自己的脚。作为一个领导，应善于征求和采纳别人的意见，滥用权力是一大忌。

> 一个真正优秀的领导者绝不会依靠权力来行事，而是会在适当的言行中，增强号召力和凝聚力。如果只凭主观武断，滥施滥用，会造成无法挽回的损失。

◎ 忌漠视下属

领导艺术是一门学问，如何当一个好的领导者，很有讲究。领导的工作是抓纲举目，抓紧大事。诸如企业的发展规模，产品的品质种类、发展远景等都是企业的大事，但对于下属的日常生活与工作成绩，也都不是可以忽略的小事，轻易不可漠然视之，否则会失去人心，贻害企业发展。

诸如平时，属下通常有他自己的行事计划，当上司突然下达指示时，员工不得不将自己原来的计划加以调整。假如这只是偶尔的现象，倒也无所谓，但若是经常发生，下属难免会心存不满。因此，当下命令给下属时，不妨多加几句话，例如"我知道你现在很忙，不过……""我想你可能头一次做这个工作，不过……"说这些话对你来说是轻而易举的事，但却能让下属感到你在为他着想，从而心甘情愿地让步。倘若你将要下达命令，不如用这些方式，更能使下属积极工作。

作为领导者，万不可盛气凌人、目空一切，应该尊重下属，合理地安排工作。要多一些情怀，多一些鼓励，多一些支持，才有助于下属顺利地完成任务，从而增强自信，利于下属办事能力的有效提升。作为领导者，能够换位思考，尊重员工的需求，才能实现双赢。

"双童"公司总裁楼仲平毫不避讳地谈及基层人员很不稳定的

情况，他说："没有人愿意一辈子打工。只要有生命的东西，它都是流动的。所以你要以更加温情的方式去满足时代背景下的不安全感。"

楼仲平并不赞同大家所说的善待员工就是大发善心，而应该是对员工从根本上予以关怀，他说："我们看到了花、叶、枝、杆，但是决定这棵树命运的树根却恰恰不被人看到。员工就是企业的根。"

总之，在企业管理中，领导与员工之间的关系一定要处理好。不要觉得自己是领导就高高在上，就摆出一副轻狎漠视的态度。真正会做领导的人，都会以善服人，用情暖人，虚化等级观念，这样做的结果就是：不用"画大饼"、无需"打鸡血"，同样能得到员工不遗余力的回报。

◎ 忌重学历轻能力

当今社会，人们对高学历越来越看重，很多单位在招聘时都以学历进行限制。企业在人才竞争上出现了一种盲目攀比学历的倾向。然而，高学历并不代表高能力，因而在选拔人才时更要注重其实践能力。

衡量人才既要有文化程度方面的要求，更要重视履行岗位职责的能力，真正使那些有学历、有智慧又有能力的人得到重用。

当年美菱公司在转产冰箱的时候，缺乏设计人才。这时，一个叫范贤龙的普通员工拿着自己画的图纸，走进了美菱老总张巨声的办公室："厂长，我设计了一套图纸，给你看看，可以把产品做出来。"张总很高兴，表示感谢，并当场表示："你能做我会全力支持你，给你3套模具设计任务，希望能9天完成。"到第8天上午10点，范贤龙把全套设计图纸交给了集团总工程师，经审定，一次通过。

张巨声立即把人事部门的负责人找来，要求将工人出身的范贤龙提升为技术员。范贤龙原是68届的初中生。在张巨声的支持和鼓励下，上夜大不断学习，并且获得了公派出国的进修机会，业务技术能力得到了不断提升。

有一次，厂里从意大利梅洛尼公司引进了一条全自动冰箱生产线，范贤龙主动请缨，承担了负责组装的任务，包括对老生产线进行全面规划改造。尽管那些地下涵道、供水管道、微机电缆、地沟和排气管等盘根错节，非常复杂，但范贤龙充分发挥自己在设计方面的特长，出色地完成了这一艰巨任务。

后来，范贤龙由一名不起眼的普通员工被评为工程师，并走上了负责科研所的领导岗位。范贤龙在后来这样评论他的老领导："张总只认才，不认人。"

其实，在美菱集团，经张巨声提拔起来的领导骨干有很多，张巨声重视能力的这一举动，为美菱集团积聚了一大批贤才良将。

现实生活中，不少有能力的人才，并没有很高的学历，有的甚至没有大学毕业，例如美国著名发明家爱迪生、俄国文学大师高尔基、瑞典大科学家诺贝尔，世界第一首富比尔·盖茨也是大学没毕业。这些人虽然都没有很高的学历，但是他们取得的成就是非凡的，我们能因为他们没有高学历，就说他们没有能力吗？

大量事实说明，学历重要，能力更重要！

◎ 忌开"空头支票"

受欢迎的管理者，常有许多共同的待人处世的优点，其中很显著的一点便是他们在任何时候都诚实守信，遵规守约。他们常常遵循这样的原则：要么轻易不向下属许诺，要么就是信守诺言，竭尽全力去办。

管理者在工作中必须铭记：说出的话就像泼出去的水，无法收回。可是有很多管理者却偏偏爱许诺，可又不珍惜这一诺千金的价值。由于过分相信自己的实力，所以许多事情不假思索就轻易允诺说："我可以帮你这样做"，而后却又办不到。如此，很容易在员工的心目中留下一个"不守信用"的烙印。这是一名管理者应该避免的。

2022 年登上中国民营企业榜第一名的京东创始人刘强东，非常看重人性中的"诚信"，他说："诚信对于企业，不是制度而是生命。"所以他"重承诺、不轻许"，只要许下承诺，就一定要想办法做到。

2009 年，无锡街头，30 岁的金宜财因为找不到工作而发愁。正走着，他一抬头发现墙面贴着一张招聘广告，公司名称是京东物流。这是一个新兴行业，实在找不到工作的金宜财决定干干试试，就正式应聘入职了，成为京东物流无锡分部的 001 号快递员。一开始他感觉还可以，可是一天到晚都在道上跑来跑去，骑着三轮车的金宜财每天几乎都要跑上几十公里。这期间他有时还要受到客户的训斥和投诉，实在有些吃不消了。纠结了一段时间后，他决定辞职。刘强东得知这个消息后，虽然金宜财只是一个快递员，但毕竟是无锡地界组建之初的第一号快递员，是京东物流在无锡的象征性招牌，有着一定的影响力。况且很多快递员都是金宜财招募来的，贡献不小，于是就对这个元老级的 001 号快递员亲自进行挽留，并承诺说："你再干满 5 年，保准你买房！"

后来，金宜财真的有房了。不仅如此，刘强东为了改善员工衣食住行，还采取了兴建职工宿舍、改善食堂伙食标准等措施。

可以说，一诺千金是赢取下属信任与尊重的最好良方，也是提升个人魅力的主要因素。领导者要做到一诺千金，就应该注重不能信口开河，更不能不负责任地轻易许诺。因为顺口答应，轻易许诺，开出无法兑现的"空头支票"，事实却无法做到的话，那是很不明智的，会给下属留下一个"不守信用"的印痕，无疑是给自己抹上一层黑灰。

某公司的一个年轻主管，曾在一次小型会议上对其下属许诺：我一定努力将本单位的人事调整工作解决好。此话一出，自然欢呼一片。可是时间一长，他的日子就不好过了。那几个点名有望晋升的下属见了他总有意无意地提及这件事，起初他因虚荣的自尊，总是胡乱应付说"很快就要解决了"。其实他每次到总公司，都向主管人事科长说：

"我那边的 A 职员工作很卖力，应该给他晋升二级工资。"

"B 职员 8 年都在一个部门工作，工作表现突出，能否给他晋升一级？"

"C 明显不适合做研究工作，假若不把他调到 S 部门，对所有人都是一个很大的负担。"

可是，每次得到上司的回答都是："哦，我们可以考虑考虑。"转眼一年、两年过去了，他对于人事调整所做到的，只是一些无解的申请而已。而他在下属面前，落下了"大忽悠""就会开空头支票，啥也不是"的不好名声。甚至因此离心离德，不久后就被人投诉到总公司，被撤职察看了。

这正是一场辛苦反成怨，可怜弦断无人听。这位主管的经历，给那些轻易许诺的领导上了一堂深刻的警示课。

要知道兑现承诺是一个人信用的组成部分，一旦承诺就必须履行；不能兑现，必然会使自己的信誉度降低，甚至惹人怨恨。因此，"空头支票"绝对不能开。否则，等因此失信于人时，下属会更加轻视你，背叛也是理所当然的事。

【用人精要】

复星集团CFO王灿：
用人四原则

复星集团CFO王灿说：在用人方面，我所坚持的用人四原则是：

（1）在一个组织里不要跟我讲前台、中台和后台，也不要跟我讲新员工和老员工，我只看你对这个组织有没有创造价值。

（2）我特别喜欢一些看似"不务正业"的人，比如大学学了物理或化学，后来转来做财务、做金融相关的工作，这些人大多是出于爱好，是真的喜欢这个东西。正因为他没学过的东西，他后来才会有敬畏之心，才会想持续学好它、做好它。

（3）我更看重有持续成功或成长经验的人。这些人会比较自信一些，相对来说，更容易坚持。

（4）组织里一定要学会问为什么，而不是简单的去"别人这么干我就这么干"，"follow别人的东西是最安全的，因为顶多被领导批评一顿就结束了。你要去找那一类喜欢问"为什么不可以那样做？为什么一定要这样做？"的人，尤其是组织想做提升、想革新的时候，一定要找到这一类人。